T0355915

EL APRENDIZ IMPECABLE

Rosa María Wynn

EL GRANO Đ MOSTAZA

Título: El aprendiz impecable
Subtítulo: Reflexiones sobre *Un curso de milagros*
Autor: Rosa María Wynn

Primera edición en España, octubre de 2012
Segunda edición en España, noviembre de 2024

© para la edición en España, Ediciones El Grano de Mostaza S.L.

Impreso en España
ISBN PAPEL: 978-84-129004-4-6
ISBN EBOOK: 978-84-129004-5-3
DL: B 19396-2024

El Grano de Mostaza Ediciones, S.L.
Carrer de Balmes 394, principal primera
08022 Barcelona, Spain
www.elgranodemostaza.com

EL APRENDIZ IMPECABLE

Rosa María Wynn

ÍNDICE

AGRADECIMIENTOS

Este libro no hubiese podido salir a la luz sin la colaboración de muchas personas. La primera de ellas es Lisbeth P. de Adrianza, a quien siempre le estaré agradecida por sostener la intención para que este libro pudiera publicarse, así como por su continuo y sostenido apoyo, por animarme, por su amor, confianza y lealtad, pero, sobre todo, por acompañarme en mi jornada.

Otra persona que ha estado a mi lado es Kina Sobrino. Su amor y solidaridad son constantes en mi vida. Su apoyo en la corrección del material ha sido excepcional. Mi eterno agradecimiento a este bello ser.

Dalia Araujo, otra hermana y amiga entrañable, ha pasado largas horas revisando el material y ofreciendo magníficas sugerencias y correcciones al mismo. Su ayuda ha sido inestimable y su aportación al manuscrito final, extraordinaria.

También quiero dar gracias a José Luis Molina, que ha sido un apoyo incondicional desde el inicio de mi vida pública, en 1993. Y no puedo dejar de mencionar a José Quintana, quien ofreció excelentes sugerencias al manuscrito. Les estoy agradecida igualmente a ambos por su ayuda, amistad y amor.

A Louise Wynn, por recordarme siempre quién soy. A Inmaculada Pérez, sin cuya ayuda no hubiese podido llevar a cabo mi labor de transmisión del mensaje del *Curso*. Y, por la misma razón, a Raquel Cortés, Victoria Rodríguez, Javier Sáenz, Diego M. Bonati, Marcela López, Mercedes Marzán, Juan Luis Merino, Lindsay Robinson, Teresa Ramírez, César Ángel Gómez, Jimena Guerrero, Gloria Espuig y Borja Gasset, entrañables amigos que me han apoyado a lo largo de los años.

Y a mi inseparable amiga y hermana, que camina a mi lado, Lorraine Geary. Ella me ha prestado apoyo y asesoría técnica en este proyecto, además de animarme con entusiasmo y fe a seguir adelante. No tengo palabras para describir lo que ella supone para mí, pero Dios lo sabe.

También, a todas y cada una de las personas que me han prestado su apoyo en la organización y realización de mis seminarios y retiros en muchos países del mundo. Gracias de todo corazón.

A Tamara Morgan, por su visión y por ponerme en contacto con su madre, Judith Skutch-Whitson, presidenta de la Fundación para la Paz Interior —los editores de *Un curso de milagros*—, así como a sus otros directivos, por haberme dado la oportunidad de traducir el *Curso* al castellano, labor que literalmente cambió la dirección de mi vida.

Y, finalmente, a todos los que colaboraron, directa o indirectamente, en la obra de traducción de *Un curso de milagros*. En especial, a Fernando Gómez, por su inquebrantable compromiso de completar la misma y por la calidad de su contribución, así como por ayudarme a iniciar mi vida pública como maestra del *Curso*.

A todos ellos les debo gratitud, por sostener mi verdad y tener confianza en mí.

PREÁMBULO

Rosa María Wynn es la principal traductora al castellano de *Un curso de milagros*. Y dicho así, puede que esto no transmita lo que en realidad significa. Cuando la Voz del Espíritu le dijo que tenía que realizar este trabajo de traducción, sucedieron una serie de acontecimientos para que esto fuera posible. Pero esa es otra historia que tal vez se cuente en otro libro.

Me gustaría resaltar que, cuando un libro tiene que ser traducido, lo que hace que no pierda la esencia del original, y que nos toque o no, es la calidad de la traducción. Gracias a la dedicación y esmero que Rosa María puso en esta traducción, *Un curso de milagros* llega a lo más profundo de nuestro Ser y resuena con lo que es verdad en nosotros.

Su sabiduría es profunda, clara y va acompañada de sencillez, dulzura y humildad, por lo que puede que no llame la atención, pues estamos acostumbrados al ruido y a las luces cegadoras; pero, con el transcurrir de los años, su coherencia y su ejemplo hacen más sólido, si cabe, su mensaje, y más potente su voz.

Después de traducir el *Curso,* la Voz del Espíritu le dijo que tenía que llevar este mensaje por el mundo, lo que suponía entrar en la vida pública, algo que le provocaba un gran rechazo. Pero lo hizo y damos gracias por ello, porque cada uno de sus seminarios ha supuesto un salto en el tiempo, una apertura en el entendimiento de lo que es en realidad la vida iluminada. Pues no solo consigue hacer fáciles y accesibles las abstracciones del *Curso,* sino que para los estudiantes de este material y las personas interesadas en la vida espiritual en general, da herramientas para ir directamente a lo que importa: a la práctica, a lo que podemos hacer cada una y cada uno de nosotros, justo donde estamos ahora para ser felices y hacer felices. Y además propicia que podamos experimentar vivencias de otra índole. Si ella no hubiera viajado por el mundo y no nos hubiera presentado el *Curso* desde lo humano, desde la generosidad de compartir sus experiencias, sus dificultades, sus recursos, dudo que tantas personas hubieran seguido con él porque, sinceramente, el *Curso* no es fácil de entender, pero sobre todo no es fácil de practicar. Pero con su profundo conocimiento y ejemplo de vida, Rosa María ha ahorrado muchos años de estudio a los que han participado en sus seminarios, conferencias y retiros. Ella es una verdadera inspiración.

Una aportación clave que Rosa María desarrolla en este libro es su propuesta para vivir aquí de una manera particular que ella denomina *a propósito,* es decir, con intención, y que nos proporciona ese sentido que buscamos en nuestra existencia.

Su exposición sobre el aprendiz impecable nos inspira a asumir el compromiso de vivir en congruencia con nuestra verdad y con nuestra meta declarada. Realmente, es una propuesta maravillosa.

Rosa María nos ofrece una explicación inédita sobre el error original —que es como el *Curso* identifica el pecado original—, que no solo aumenta nuestras esperanzas, sino que *reconfirma que el Hijo de Dios siempre fue y sigue siendo inocente.*

A partir de sus múltiples reflexiones sobre la Expiación, con «E» mayúscula, Rosa María nos ofrece su visión de lo que esta es. Con sencillez y entendimiento, explica al lector cómo aceptarla y, sobre todo, cómo ponerla en práctica.

Lo que también vas a encontrar en estas páginas son las ganas de ocupar tu lugar en el despertar de la humanidad, las ganas de transitar por el camino del amor y de abandonar el miedo, las ganas de descubrir Quién eres y Quién camina a tu lado.

Este libro es esclarecedor no solo para las personas que practican *Un curso de milagros,* sino también para todas aquellas que están buscando un camino mejor, para aquellas que saben que tiene que haber otra manera de vivir, porque la que aprendieron no les hace felices.

Rosa María comparte en estas páginas su conocimiento destilado a lo largo de tantas lecturas y trabajo personal, y sus experiencias cotidianas con la práctica de *Un curso de milagros.* Las ideas que transmite son una verdadera guía para transitar en estos momentos de cambios.

Este material ofrece un camino mejor, el camino del corazón, donde la esperanza está justificada y una vida feliz es posible.

Kina Sobrino Rando

INTRODUCCIÓN

Como reza el dicho, *Aquí nadie puede tirar piedras, pues todos tenemos casas de cristal*.

Y, en efecto, así es. Todos aquí hemos sido engañados, atacados, juzgados y condenados. Por otra parte, todos aquí hemos engañado, atacado, juzgado y condenado a otros. Todos padecemos de la misma condición. Esa singularidad facilita la cura.

Lo que sigue a continuación es la *destilación* de lo que he aprendido como lectora asidua de los libros de Carlos Castaneda y de *Un curso de milagros,* desde que llegó a mi vida en 1978 y al que posteriormente me dediqué de lleno, primero como estudiante y después como traductora y maestra del mismo, y finalmente como aprendiz de la Expiación.

Cuando decidí escribir este libro me llegaban muchas ideas con respecto a qué decir y cómo presentarlo. Finalmente, escucha la Voz indicarme que tenía que plasmar por escrito las aclaraciones que Él me ha dado con respecto a algunos de los conceptos y premisas fundamentales que postula el *Curso,* así como todo lo que se me ha ido revelando a lo largo de los años que llevo estudiándolo y enseñándolo. Y, por último, lo que Él me inspiraba a decir a medida que la escritura del libro iba progresando.

Hay ideas que se me pide repetir desde diferentes ángulos, pero solo con el propósito de reafirmar la importancia de que las mismas se tengan en mente y se pongan en práctica en el vivir diario, pues es la práctica lo que realmente nos va a llevar a conseguir la paz, que es la meta del *Curso,* así como la de este libro. Y es, igualmente, la meta que se te exhorta a tomar, ya que solo en el estado de paz podemos recordar Quién somos y Quién es nuestro Creador. Y en ese recordar yace todo. La meta de la paz es alcanzable, porque al ser la condición en la que fuimos creados, la paz está dentro de nosotros.

También se puede decir que este libro propone una manera de vivir aquí *a propósito,* es decir, con intención. Esta forma de vivir confiere a nuestros actos *un tipo de energía particular,* que los actos llevados a cabo desde la *complacencia* o desde el comportamiento habitual no poseen. Y la propuesta es justo eso: vivir de tal modo que lleguemos a ser aprendices impecables y, aunque nos tome toda una vida lograrlo, cada paso en esa dirección nos llenará de una dicha de una calidad inigualable. Pero esto requiere que primero tengamos clara la meta que queremos alcanzar. Sin una meta, sencillamente no haremos otra cosa que dar tumbos en la vida, y experimentar desilusión y la sensación de que hemos perdido el tiempo. La meta del *Curso,* como ya se ha mencionado, es conseguir la paz. Lograr la paz satisfará todas las demás metas porque, al margen de lo que estas puedan ser, están contenidas en ella.

Es necesario señalar que nadie tiene la exclusiva de la verdad. Ningún libro, incluido este, ningún culto, religión, corriente, maestro..., nadie. La verdad existe por sí misma, aparte de lo que podamos pensar que es o no es. *Un curso de milagros* —la obra en la que principalmente se basa este libro— es un camino, entre los muchos que hay disponibles, para aquellos que buscan un significado o un sentido para sus vidas aquí; sin embargo, afirma no ser el único.

Espero que el lector encuentre inspiración en estas páginas. No aspiro a nada más, pues no hay nada más que un libro o un maestro puedan hacer. Todo lo bueno a lo que este escrito pueda contribuir se debe al Espíritu Santo, y cualquier error es mío.

1. NUESTRA ÚNICA NECESIDAD

Todo el mundo tiene derecho a los milagros, pero antes es necesaria una purificación.

(T.1.I.7)

Para comenzar, lo primero que preciso establecer, basándome en las enseñanzas del *Curso*, es que todos somos los Hijos perfectos de un Creador que también es perfecto. El Creador es Amor, y nosotros también somos Amor. Nada pudo jamás alterar o modificar nuestra verdad. Esta no está en entredicho. Tampoco está sujeta a nada que no sea la Perfección Misma.

Nunca pudimos violar la naturaleza de nuestro Ser. Somos y seguimos siendo tal como fuimos creados por el Amor. Y el hecho de que nos hayamos olvidado de esto no implica que eso haya cambiado. Cumplirás tu función porque esa es tu santa voluntad. Pero antes es necesario que el altar interior se limpie de todo lo que no merece estar allí, para que el Residuo Bendito pueda restaurarse al Reino que comparte con su Fuente. Con este espíritu damos comienzo...

Después de muchos años de recorrer el camino espiritual, de probar muchas corrientes y de practicar docenas de técnicas, finalmente, llegué a entender que lo único que en realidad necesitamos aquí es una purificación, y que lo único que se puede purificar es la mente, como muy bien dice *Un curso de milagros*. Esto requiere, antes que nada, estar dispuestos a hacer un examen exhaustivo del contenido de nuestra mente, para así poder eliminar de ella todo aquello que le es ajeno, todo aquello que no procede de la Santa Fuente de la que la mente forma parte, ni de Aquello que es el Todo de todo.

Para facilitar la lectura de este libro, llamaré a esa Fuente Dios o Padre, siguiendo la línea de *Un curso de milagros*. Y al Espíritu Santo lo identificaré así o solo con la palabra Espíritu. Él es la Ayuda de la que se nos ha provisto para realizar dicha purificación. Para que esto tenga lugar, es necesario dar nuestro consentimiento al Espíritu. Dios no nos exige nada. A Él hay que ir de buena voluntad. Dios te amará igual que ama a los que eligen no ir a Él. Ni más ni menos. Esa es Su Divina Justicia y Equidad. Tú podrás elegir seguir el Camino que se te señala y poner en práctica lo que se sugiere. Pero ello no te dará más de lo que ya tienes ni más de lo que todos los demás ya tienen también.

En la actualidad, ya hay personas que están comenzando a darse cuenta de que la percepción que tenemos del mundo es la manifestación de lo que está en nuestra mente. Es decir, que lo percibido tiene todo que ver con el perceptor. Esta premisa es uno de los fundamentos de la física cuántica. Pero también hay diversas disciplinas o corrientes espirituales que afirman lo mismo. El *Curso* es una de ellas. De hecho, asevera que *la percepción es un deseo colmado*, pues vemos *lo que queremos ver*.

La purificación de la mente, en el sentido en que lo da a entender el *Curso*, supone eliminar todo aquello que no forma parte de ella. Dado que el *error original* —como el *Curso* identifica a lo que aquí llamamos *pecado original*— tuvo lugar en la mente, es con nuestra mente con la que el Espíritu Santo *trabaja.* Y recalca que *ahí es donde se cometió el error y allí es donde hay que corregirlo.*

Dado que la naturaleza de la mente es que todo lo que entra en ella queda grabado para siempre, fue necesario idear un plan que fuese tan extraordinario que, aunque no pudiese borrar las percepciones erradas de la mente, pudiera corregirlas y transformarlas en algo tan parecido al Cielo que dejasen de ser fuentes de dolor y de culpa para los Hijos de Dios separados. Otra característica de la mente es su naturaleza abstracta, lo que indica que solo opera fuera de lo que aquí llamamos físico. De hecho, la mente no está en el cuerpo, pues no puede ser contenida.

Como resultado de la *caída* del Hijo, al creerse separado de Su Creador, Su mente se dividió en dos. Esta división es lo que la mente proyecta, y lo que el *Curso* denomina «la separación», que otras corrientes llaman «la dualidad». Así, percibimos un mundo de objetos y cuerpos separados que, entonces, corroboran, o constituyen, la prueba irrefutable de la *realidad* de la separación.

La separación es la *pantalla* donde tiene lugar todo lo que percibimos: lo concreto, todos los acontecimientos que parece que están ocurriendo; las personas involucradas en ellos; las cosas, todo ello tiene lugar ahí y nos absorbe completamente, acaparando toda nuestra atención. La experiencia visceral de la separación, en términos simples, se reduce a esto: yo y todo lo demás que veo en esa pantalla.

Como dije anteriormente, hay personas que ya han comenzado a poner en duda la «realidad de lo que perciben», y así intuyen que lo que ven no es la Realidad Absoluta y que, por lo tanto, no puede sino ser temporal. Y esto es un buen comienzo, pues ver la temporalidad de todo lo que percibimos nos permite actuar desde un paradigma de pensamiento distinto del que aprendimos, uno que, al sentirnos más acordes con él, elegimos adoptar.

La mente no puede operar sin un foco, sin una mira. Dado que nadie aquí puede ni siquiera imaginar o concebir lo que es la Realidad Absoluta, lo mejor que puede hacer un aprendiz es elegir, como paradigma de vida, las ideas o conceptos que son más afines a su más elevado entendimiento y que le traen felicidad.

Dios es Pura Mente y crea *pensando.* Todos aquí somos Pensamientos en la Mente de Dios. Y también somos entes pensantes. La parte de nuestra mente que el ego rige es tan solo un diminuto fragmento de ella. Pero ese fragmento parece ser autónomo y cree ser lo que tú eres. Sin embargo, nuestra mente jamás pudo separarse de la Mente de la que forma parte. Ese fragmento que se pensó separado quedó a su vez dividido en dos, lo que *Un curso de milagros* llama la mente recta y la mente errada, pero el fragmento sigue siendo parte de toda la mente.

Hay *algo* en nosotros, que yo llamo «el decididor», que elige en cuál de estas dos mentes operar. Veo a ese decididor como la parte *operativa* de la pequeña chispa que se encuentra dentro de nosotros, la cual contiene, y es parte de, los Grandes Rayos de los que habla el *Curso.* Pero, como no podemos cambiar la naturaleza pensante de nuestra mente, pseudopensamos desde la mente errada, y pensamos desde la mente recta.

La mente errada produce *pensamientos* que no son de Dios, por lo tanto, no son pensamientos en absoluto, aunque nos parece que lo son; y así los aceptamos y les otorgamos *realidad,* y después vemos sus efectos en el mundo que percibimos. Pero la verdad es que la mente errada no puede pensar en absoluto, y que cuando crees que está pensando, en realidad está en blanco, como dice el *Curso.* Pero eso no quiere decir que esos pseudopensamientos no tengan efectos. Han surgido de la mente errada de Quien sigue siendo el Hijo de Dios, por lo tanto, producirán *forma en algún nivel*. Esa es otra razón para darnos cuenta de que somos responsables del mundo que percibimos y de todo lo que parece suceder en él.

La mente recta, por otra parte, tiene pensamientos que están en armonía con los Pensamientos de Dios, que son los únicos reales. Esos pensamientos dan lugar a una percepción sana que, aunque no es la Realidad —pues sigue siendo una percepción—, es el trampolín hacia el conocimiento.

Y es precisamente del hecho de que podemos pensar de lo que se vale el Espíritu Santo para guiarnos de vuelta al lugar del que nunca nos alejamos. Pues podemos pensar con Dios o de la manera en que Él piensa. Pero, antes de que esto pueda lograrse, es menester que hagamos una limpieza en nuestra mente: una purificación. Y esta es igualmente necesaria antes de que podamos obrar milagros, que son *el máximo servicio que le podemos prestar a otro*. Sanar nuestra mente es esencial si queremos servir de conducto al milagro.

Es importante señalar que todo aquello que todavía no has sanado en tu vida volverá a repetirse, porque aún está en tu mente. Hay que sanar el pasado en el presente, para así poder extender ese presente sano al futuro. De otra manera, seguiremos extendiendo el pasado no sanado al futuro y reviviremos las mismas historias hasta que un día, en un momento presente, las sanemos.

En el mundo perceptual en el que parece que *estamos,* podemos elegir desde qué mente operar, percibir. Uno de los propósitos del Espíritu Santo es reunificar nuestra mente, pues mientras siga dividida no podrá conocer su verdadera Procedencia y el conflicto en que se encuentra parecerá ser eterno. Cuando operamos desde la mente errada, percibimos y sostenemos el mundo del ataque, del desamor y de la venganza. Y estamos completamente seguros de su realidad. Desde la mente recta percibimos hermanos y vemos que todo aquí es para nuestro beneficio, para nuestro bien. E incluso si vemos a algún hermano actuando desde la mentalidad errada, podemos mirar más allá de su error y ver el Ser que realmente él es. De esta manera sostenemos en nuestra mente su eterna inocencia y no damos testimonio de lo que no es verdad en él. El ojo físico no puede hacer esto, pero el Ojo Espiritual sí.

2. ESTAR DISPUESTOS A ESTAR DISPUESTOS A...

*Él [el Espíritu Santo] te capacitará para que vayas
mucho más allá del proceso de curación que has
decidido emprender, pues a tu pequeña dosis de buena
voluntad para restaurar la plenitud Él sumará toda
su Voluntad, haciendo así que la tuya sea plena.*

(T.11.II.4:2.3)

Cuando tomamos la decisión de hacer todo lo que esté a nuestro alcance para dejar atrás todo aquello que sea un obstáculo para cumplir la meta de volver a nuestro estado original, o para cumplir la función que, de alguna manera, sabemos que tenemos que desempeñar, estamos declarando que estamos dispuestos a dedicarnos de lleno a la tarea.

En realidad, el mundo de sufrimiento, ataque y desamor que percibimos es ajeno a nuestra verdadera naturaleza. Y cuando hemos tenido un atisbo de lo que esta es, nos sentimos llamados a contribuir, a «ser usados» en beneficio de todos, y este sentimiento es arrollador. Y así, llenos de esperanza y con una fuerte intención, nos volcamos en la tarea. Después de un tiempo, las resistencias y los hábitos de pensamiento que hemos formado desde que tenemos *uso de razón* comienzan nuevamente a apoderarse de nosotros. Los ánimos empiezan a decaer y muchos pierden ese empuje inicial y, sencillamente, se rinden ante la aparente impotencia.

Allá por el año 1976, si mal no recuerdo, oí a alguien hacer referencia a algo que había dicho Ram Das, un maestro espiritual muy amado y conocido en Estados Unidos, así como en muchas otras partes del mundo. Y lo que este maestro había dicho es que los que dicen que quieren llegar a Dios están realmente en el estado de «querer querer» llegar a Dios. Y *algo* en mí supo que eso era cierto.

Años después, y ya siendo una estudiante del *Curso*, me encontraba en medio de una situación en la que la única salida cuerda que tenía era perdonar, pero mi resistencia era enorme. Ya había quedado claro para mí que tenía que ofrecerle al Espíritu Santo la pequeña dosis de buena voluntad que nos pide, pues aun con todo Su poder, Él no puede hacer nada sin que nosotros le hagamos esa ofrenda, pues eso sería violar nuestra libertad, y Él honra completamente al Hijo de Dios. Pero la verdad era que no tenía ni la más mínima pizca de buena voluntad de querer perdonar.

En ese momento me acordé de la idea de «querer querer»... que se le atribuye a Ram Das, y se me ocurrió extrapolarla a la pequeña dosis de buena voluntad que menciona el *Curso*, haciendo un pequeño cambio. Así que miré dentro de mí para ver si al menos «estaba dispuesta a estar dispuesta a perdonar», y supe que no. Entonces repetí el proceso, a ver si por lo menos podía «estar dispuesta a estar dispuesta a estar dispuesta a perdonar». Y, ya con esa mayor distancia, algo en mí se relajó y no me sentí tan *amenazada*. Le ofrecí al Espíritu esa minúscula dosis de buena voluntad que había encontrado y lo que sucedió fue extraordinario. El resentimiento que tenía desapareció por completo, como si nada hubiese pasado, y volví a mi paz, pero con la felicidad de haber corroborado que bastaba con una pequeñísima dosis de buena voluntad de querer perdonar, y que el Espíritu haría el resto. Esta maravillosa experiencia me permitió constatar que no era simplemente una teoría, sino algo efectivo que comprobé por mí misma. Surgió en mí una nueva conciencia de gratitud por el apoyo del Espíritu. Y entendí que nuestra buena voluntad para perdonar no tiene que ser total, pues Él suple la diferencia.

Desde entonces, he empleado esta técnica y también la he enseñado. Y jamás me ha fallado, incluso cuando he tenido que ir bastante atrás en la cuenta, buscando dentro de mí la dosis de buena voluntad con la que me siento cómoda, normalmente ¡una que esté bastante alejada de una completa buena voluntad! Es como un truco divino, pero funciona. El Espíritu no nos juzgará por el tamaño de la dosis de buena voluntad que le ofrezcamos. Aquí, Él se vale de cualquier cosa para ayudarnos en nuestro proceso de dejar atrás todo lo que supone un impedimento en nuestro camino.

El que hayamos hecho un esfuerzo para seguir buscando algo de buena voluntad en nuestro interior demuestra que realmente queremos hacer lo que sabemos que va a traernos paz. Al principio, cuesta aplicar las enseñanzas del *Curso* y ciertamente requiere esfuerzo, pues al practicarlas estás yendo en contra de tus hábitos de pensamiento arraigados, de las creencias erradas que has aceptado. Por ende, estás yendo en contra de responder a toda situación incómoda o amenazante desde el paradigma de la separación y el miedo, con el ego como guía. Pero todo esfuerzo que hagas a favor de lo que realmente quieres hará de ti un aprendiz feliz, además de impecable. Y aquí no hay mayor gozo que ser un aprendiz feliz e impecable. De hecho, la razón por la que al final vamos a querer ser aprendices impecables es la dicha que nos trae.

Pero lo más bello de todo es que ya estamos allí, donde queremos retornar, por lo que el final no está en juego. Lo que está en juego es el sufrimiento, que seguirá presente en nuestro mundo hasta que cambiemos de sueño. Lo deseable es ahorrar tiempo y no seguir sufriendo innecesariamente.

3. LA DECISIÓN DE SER FELIZ

*El mundo se convierte en un lugar de esperanza porque su
único propósito es ser un lugar donde la esperanza de ser feliz
pueda ser colmada.*

(T.30.V.2:7)

Todos aquí queremos ser felices. De hecho, el *Curso* dice
que es en lo único que aquí coincidimos con Dios. Él quiere que
seamos felices y nosotros también. Mas dónde buscamos esa
felicidad depende de lo que creemos ser. Al haber inventado
un personaje, un falso yo, para sustituir al Ser que en realidad
somos, buscamos incesantemente la felicidad donde no está. Y
nos engañamos.

Nos proponemos metas que pensamos que nos van a propor-
cionar la felicidad que deseamos, pero que son absolutamente
irrealizables y, así, nos desgastamos y desperdiciamos el tiempo
tratando de encontrar felicidad. La felicidad elusiva, la que cambia
de forma según el tiempo o el lugar, no es la verdadera felicidad,
sino que es pura ilusión y no significa nada. Pero como estamos
confundidos con respecto a qué es la verdadera felicidad, nos vol-
vemos a dejar engañar, nos proponemos otras metas, igualmente
irrealizables, solo para volver a desilusionarnos una vez más, pues
la felicidad pasajera no satisface al Ser que somos.

Por supuesto, el falso yo te dará docenas de razones por las que
no puedes ser feliz, y si no vigilas tus pensamientos, te las creerás, y tu vida dará testimonio de que tenías *razón*. Ser feliz es

una decisión. Pero la felicidad, al ser algo de Dios, es constante. El *Curso* afirma esto en varias ocasiones, pero se nos olvida rápidamente. Si no eres feliz de una manera constante, es que no has pedido la felicidad y que aún valoras lo inconstante.

Resulta chocante darnos cuenta de que mucho de lo que hemos hecho tratando de alcanzar la felicidad aquí ha sido en vano, porque la felicidad que buscábamos era ficticia. La felicidad, al ser constante, basta con que la pidas una sola vez para poder gozar de ella eternamente. Conviene recalcar que Dios dispuso que fuésemos felices, por lo tanto, la felicidad tiene que estar dentro de nosotros. La decisión de ser feliz tan solo te lleva a lo que ya, de hecho, está en ti.

Decidir ser feliz supone que sostendrás la constancia de tu decisión. Y ¿cómo se hace eso? Cada vez que no te sientas completamente dichoso, puedes recordarte a ti mismo que ya pediste la felicidad y que esta es constante, y así podrás retornar a tu estado de felicidad. De manera que tu constancia en recordar que ya la pediste, que solo se pide una vez, y que la felicidad es constante, te hace valorar tu propia constancia al respecto. Y una de las cosas más bellas que he aprendido con el *Curso* es que todos somos merecedores de nuestro propio esfuerzo. Esforzarte en mantener tu constancia, con respecto a todo lo que te has propuesto alcanzar en este camino, es afín a tu verdad y está apoyado por Dios Mismo.

El *Curso* enseña que el Espíritu Santo necesita aprendices felices, que no se resientan de que aún les quede mucho por aprender, ni de aceptar la corrección que Él les dará cuando sea necesaria. La mejor manera de servir a Dios y, por ende, a tus hermanos, es siendo feliz. Y, una vez más, ser feliz es una cuestión de, primero, decidirlo, y después, sostenerlo.

¿Quiere esto decir que vas a estar siempre feliz, con una perenne sonrisa en tu rostro incluso al margen de si ocurre algo *trágico* en tu vida? Por supuesto que no. Hay situaciones en las que es casi imposible no sentir dolor, como, por ejemplo, ante la pérdida de un ser querido. Muchos piensan que porque están en el camino espiritual están exentos de sentir cualquier tipo de dolor, pero no es así. Estoy segura, no obstante, de que hay personas que han alcanzado un estado de desarrollo espiritual tan avanzado que ya ven más allá de todo lo ilusorio, y los sucesos que tienen lugar aquí no les afectan de la misma manera que al resto. Lo importante es entender que si alguna situación te «quita la paz, la alegría», la proceses cuanto antes con el Espíritu, hasta que tu percepción de lo sucedido sea transformada y el dolor desaparezca. Pero quedarnos en el dolor es ser *condescendientes* con el falso yo, pues, al final, solo este puede sufrir. El Ser que somos no puede sufrir pérdidas ni experimentar ningún tipo de sufrimiento.

Como ya se señaló, la Voluntad de Dios es que seamos felices, y esa es también nuestra voluntad. El *Curso* dice que *hacer la Voluntad de Dios no produce ninguna tensión, una vez que reconoces que Su Voluntad es también la tuya.* No hay dos voluntades, como muchos hemos creído. Solo hay Una, la de Dios, que es la misma que la nuestra. El conflicto imaginario en el que estamos aquí se basa en la creencia de que hay dos voluntades que están en continuo desacuerdo con respecto a todo. La idea de la separación dio lugar a este conflicto imaginario. Vivimos ese *conflicto* en nuestra mente y, por ende, en nuestro vivir diario.

El *Curso* postula que la separación nunca tuvo lugar, porque el concepto de *separación* jamás estuvo en la Mente del Padre. Él no pudo crear un Hijo que pudiese tener una voluntad diferente a la Suya. De hecho, Dios creó a Su Hijo «extendiendo Su Voluntad», por lo que podría decirse de forma correcta que, literalmente, somos la Voluntad de Dios.

Si Dios es Todo lo que hay, ¿en qué parte de ese Todo puede haber algo diferente a lo que ese Todo es? ¿Dónde podría encontrarse una voluntad ajena que se opone en todo a la verdadera Voluntad? Es imperativo que uses tu Razón, con «R» mayúscula, para entender la imposibilidad de que haya algo que se pueda oponer a la única Voluntad que existe.

Hay tanta confusión con esto de las dos voluntades que merece que profundicemos un poco más en el tema. La confusión comenzó cuando el Hijo pensó que estaba separado de Su Creador, lo cual es el error original. Al creer esto, y puesto que es un Ser pensante como Su Padre, «creó» la separación. Y escribo «creó» entre comillas, pues el Hijo no pudo realmente haber hecho esto, ya que al haber sido creado para ser un cocreador con Su Padre, lo único que puede crear realmente es lo que cocrea con Él. Pero, al haber dado lugar a la separación en Su mente, creyó estar solo en el universo. Ese pensamiento de estar solo provocó el *nacimiento,* por llamarlo así, de una voluntad que, al igual que Él, también estaba separada de la Voluntad que Él como Hijo era y tenía, y que compartía plenamente con Su Creador. En ese momento, Su voluntad real quedó aprisionada y Su falsa voluntad se impuso, pues Él había perdido la noción de la verdadera. Pero ni la separación ni el nacimiento de una voluntad ajena a la de Dios ocurrieron realmente, pues no tuvieron lugar en la Mente del Padre, por lo tanto, no ocurrieron en absoluto. Otra razón por la que esto no pudo haber ocurrido es que el Padre jamás habría estado dispuesto a estar sin Su Hijo, Quien es Su dicha y Su compleción.

Aquí, ahora, todos estamos esperando la liberación de nuestra verdadera voluntad. El comienzo de esta liberación radica en llegar a ejercer deliberadamente nuestro poder de decisión. Cada decisión que tomas de esta manera te da un atisbo de tu verdadero poder. Muy pocas cosas se comparan a esta experiencia de absoluta libertad. Decidir que vas a ser feliz es una expresión de tu deseo de acatar la Voluntad que compartes con tu Creador.

El Espíritu Santo no está tan interesado en lo que piensas como en el hecho de que piensas. Pues es con tu *pensar* como vas a retornar a tu verdad, y a liberar tu Voluntad. Y, cuando esta sea libre, solo la ejercerás en armonía con la de Dios. Es importante repetir que el Espíritu *trabaja* con la mente, y se nos dio para que guiara nuestros pasos por el laberinto de confusión en el que estamos. Así que lo que realmente importa es el hecho de que tengas la capacidad de pensar. Tienes esa capacidad porque la procedencia de tu mente es la Mente de Dios. Todos, en última instancia, somos un Pensamiento en Su Mente, que es la Singularidad Misma. Dios crea mediante Su pensar, es decir, crea pensando, y entonces lo que piensa se convierte en Su Creación.

Como ya se ha mencionado, la mente no está dentro del cuerpo. Pero incluso si aceptas este hecho, el deseo de estar separado —que todavía sigue vigente— quiere tener un pedacito de esa mente «solo para sí» y dibuja un borde imaginario para demarcar el pedacito con el que cree que se contentaría. Sin embargo, nosotros nunca nos contentaremos con nada que no sea Todo. Y este Todo ya se nos dio. No existe nada más. No obstante, todos los que estamos aquí vinimos a buscar *algo más de lo que es todo*, pero nunca lo encontraremos, porque no existe. Es por eso por lo que se puede decir que «nacimos en el error».

Aquí todos somos seres pensantes, como dije anteriormente, pero en el Cielo somos el Cristo Pensante, pues de la misma manera en la que el Padre creó a Su Hijo *pensándolo* y extendiendo Su Voluntad, nosotros extendemos la Creación con nuestro pensamiento. Aquí, en este sueño de cosas separadas, tan solo podemos fabricar o *hacer,* pero no crear. Solo la Unidad que somos puede crear, pues solo así podemos ejercer la Voluntad que somos y tenemos. Nadie puede hacerlo individualmente, pues nadie por sí mismo tiene existencia real. El *Curso* llama Filiación a este conglomerado de nosotros, lo que implica la condición de que somos hermanos. Y la Voluntad de la Filiación es ser feliz, pues obedece las Leyes de Dios, en las que su existencia se basa.

Ejerce tu Voluntad y decide ser feliz ahora mismo. Y una vez que lo hayas decidido, cuando te percates de que no te sientes feliz, recuerda que ya decidiste serlo, y entrarás de inmediato en el eterno y constante espacio de felicidad que nuestro Padre proveyó para nosotros, Su amado Hijo.

4. DEJAR DE JUZGAR

¿Cómo puede despertar el Hijo de Dios de este sueño?
Es un sueño de juicios. Para despertar, por
lo tanto, tiene que dejar de juzgar.

(T.29.IX.2:3-5)

Experimentar culpa fue el costo que estuvimos dispuestos a pagar por la *prerrogativa de poder juzgar*. Mas no podemos juzgar porque no sabemos el porqué de nada. Solo el Espíritu Santo tiene acceso al pasado, al presente y al futuro, así como a todo dato relevante, lo cual le permite emitir juicios justos y verdaderos. Nosotros nunca tendremos ese alcance, por lo que juzgar es, además de imposible, arrogante. Sencillamente, no podemos juzgar. Esto es algo que se repite en el *Curso* una y otra vez.

Estamos tomando decisiones continuamente, pero no nos damos cuenta de ello. Gran parte de estas decisiones son juicios con respecto a alguien o a algo en nuestra vida y, una vez los hemos emitido, los aceptamos como la absoluta verdad; luego nos dedicamos a buscar incesantemente toda prueba que podamos conseguir para justificar el seguir sosteniéndolos. De esta manera, nuestro vivir aquí se convierte en el afán de querer probar, corroborar, que tenemos razón con respecto a los juicios que hemos emitido.

Este mundo, no obstante, es un mundo de juicios, por lo que no podemos estar aquí sin juzgar. Pero se nos exhorta a que no juzguemos. Entonces, ¿qué podemos hacer? Lo que se nos pide es que, en lugar de usar nuestro juicio, le pidamos al Espíritu Santo el Suyo, y que pongamos la situación en cuestión en Sus manos. Sus juicios serán siempre justos y acertados, y sostendrán la inocencia de todos los implicados. Esa es la verdadera Justicia de Dios.

El primer compromiso que asumí unos meses después de comenzar a estudiar el *Curso* fue dejar de juzgar. Y bastó que tomase esa decisión para darme cuenta de que mi mente era como una fotocopiadora de alta velocidad, que no paraba de emitir juicios. No podía creer que había pasado toda mi vida juzgando continuamente sin haberme dado cuenta de ello. Era casi imposible detener ese constante flujo de juicios. El *Curso* afirma que juzgar es una actividad que, literalmente, nos agota. Y resalta que *es curioso que una habilidad tan debilitante goce de tanta popularidad.*

Juzgamos y condenamos a otros para probar que nosotros, en cambio, somos buenos e inocentes. Pero esto es absolutamente innecesario, pues la verdad es que nunca perdimos nuestra inocencia, aunque ciertamente la perdimos de vista, y por eso andamos como locos buscándola, con el ego como guía, que nos dice que, para que nosotros seamos inocentes, el otro, el hermano, tiene que ser culpable. De hecho, lo que realmente se vive en esta ilusión es un continuo intercambio de culpas: todo el mundo quiere ser inocente y juzga a los demás como culpables. Sin embargo, o todos somos inocentes o bien ninguno lo es. En el mundo que Dios creó no hay excepciones, como muy bien dice el *Curso*, que nos asegura que jamás perdimos nuestra inocencia.

Esta condición de inocencia obviamente se refiere al Ser que todos somos y compartimos. El ego no es ni inocente ni culpable, porque sencillamente no existe. Por lo tanto, no podemos asignarle ningún atributo. Pero el hecho de que no tenga existencia real no quiere decir que no la tenga aquí para nosotros. El falso yo, el personaje que creemos ser, tampoco es real, pero, como percibe, dicha percepción se puede purificar. Es oportuno destacar que nuestro Ser no necesita purificación de ninguna clase, pues sigue siendo tal como Dios lo creó.

No nos corresponde a nosotros juzgar nuestra valía. Tampoco nos corresponde juzgar la valía de nuestros hermanos. Esta se estableció en el Cielo, al igual que el papel que a cada uno de nosotros nos toca desempeñar. Lo que juzgamos como fortaleza a menudo puede ser debilidad o incluso arrogancia. Y lo que pensamos que es debilidad puede ser fortaleza. El *Curso* afirma que *no tenemos idea del tremendo alivio y de la profunda paz que resultan de estar con nuestros hermanos sin emitir juicios de ninguna clase.*

Creemos que los juicios que emitimos no tienen ningún efecto. Sin embargo, toda la fealdad que vemos en el mundo son los juicios que hemos vertido contra él. Elegir liberar al mundo de todo lo que hemos creído que es significa que queremos liberarnos a nosotros mismos. Renunciar a los juicios condenatorios que sostenemos contra otros equivale a admitir que estábamos equivocados. El ego no puede hacer esto, pues su arrogancia se lo impide. Pero nosotros no somos el ego, por lo tanto, podemos soltarlos y, en su lugar, ver la inocencia del hermano. No estar dispuestos a perdonar significa que queremos mantener el juicio condenatorio que hemos emitido, al estar seguros de que *es verdad*. Pero, sobre todo, a lo que no estamos dispuestos es a estar equivocados, a *no tener razón.*

Así que nos convertimos en los *jueces* de lo que, según nuestro criterio, es correcto, intachable, y nos convencemos a nosotros mismos de que nuestra *santa misión* es señalarles a otros sus errores, sus fallas, e incluso sentimos que está justificado desacreditarlos. Lo que no vemos es que al señalarle a un hermano los errores de su ego, estamos necesariamente

37

viéndolos a través del nuestro, pues el Espíritu Santo no percibe errores en nadie. Es nuestro deseo de ver culpa en el otro, de percibirlo como *malo,* lo que dirige nuestra percepción, que entonces *ve* y percibe siguiendo nuestras instrucciones.

El *Curso* dice que *cualquier intento que hagas por corregir a un hermano significa que crees que puedes corregir, y eso no es otra cosa que la arrogancia del ego.* Sin embargo, si un hermano está actuando de manera demente, o haciendo algo que no está a la altura de lo que él realmente es, obviamente no está en su mente recta. Ahora bien, la única corrección posible es mirar más allá de su error a la cordura que es su verdad, y recordársela. Descalificarlo, avergonzarlo o intentar disminuir su valía es la solución del ego, no del Espíritu. Y ello provocará culpa, pues el Amor jamás te guiaría a hacer eso.

La percepción entraña selectividad a todo nivel, afirma el Curso. Dirigida por la mente recta, dicha selectividad buscará la verdad que mora en el hermano. Es imposible estar en este mundo sin evaluar las situaciones que se presentan en nuestra vida y que requieren una respuesta o una acción por nuestra parte. Según avanzamos en este camino, aprendemos a evaluar y a actuar de acuerdo con lo que pensamos que es mejor a la luz del entendimiento que hemos adquirido. Sabemos cuándo evaluamos una situación desde la escasez o desde una sensación de insuficiencia, por cómo nos hace sentir. Cuando juzgamos o condenamos a un hermano desde la arrogancia o la competencia, también lo sabemos, pues no nos hace felices. De hecho, provoca culpabilidad, pues estamos haciendo algo que no nos gustaría que nos hicieran a nosotros. No obstante, poco a poco iremos aprendiendo a evaluar todo en compañía del Espíritu Santo y a buscar Su consejo antes de tomar cualquier decisión o de emitir un juicio.

5. EL PODER DE DECISIÓN

Cada día, cada hora y cada minuto e incluso cada segundo, estás decidiendo entre la crucifixión y la resurrección; entre el ego y el Espíritu Santo. El ego es la elección en favor de la culpabilidad; el Espíritu Santo, la elección en favor de la inocencia. De lo único que dispones es del poder de decidir.

(T.14.III.4:1-3)

Solo hay dos alternativas entre las que podemos elegir. Ambas son inalterables, como también lo son las consecuencias que cada una de ellas acarrea. Y, así como solo hay dos alternativas, solo hay dos emociones y dos voces. Es imprescindible que el hecho de que solo haya dos alternativas entre las que elegir se entienda y se entienda bien, pues todo aquí es el resultado de una decisión. Incluso el que estemos en este mundo de ilusiones fue una decisión. No obstante, no somos conscientes de que estamos tomando decisiones continuamente. Toda decisión se toma o bien con el ego o bien con el Espíritu; es decir, desde el miedo o desde el Amor. Y siempre buscamos consejo antes de tomar cualquier decisión. No nos damos cuenta de esto por la velocidad a la que tiene lugar, pero por los resultados que obtengas de tus decisiones y por los sentimientos que experimentes, sabrás a qué guía le hiciste caso.

Si estás en paz, te dejaste guiar por el Espíritu... Si no lo estás, el ego te ofreció su consejo y tú lo aceptaste.

No podemos renunciar a nuestro poder de decisión..., eso es lo más grande que tenemos aquí; de hecho, *es la única libertad que nos queda como prisioneros de este mundo,* según afirma *Un curso de milagros.* Pero sí podemos renunciar a tomar decisiones por nuestra cuenta, y esta decisión está apoyada por lo que es verdad en ti y, por ende, por el Espíritu.

Sin embargo, toda decisión que se toma con el ego siempre se puede deshacer, cancelar. Pero esto requiere, ante todo, que primero reconozcas, no tan solo que te dejaste engañar por él, sino que *quisiste dejarte engañar.* Una vez hayas visto esto con claridad, le entregas la decisión errada al Espíritu Santo para que Él la pueda subsanar y, de este modo, eliminar las consecuencias de culpa, dolor y sufrimiento que toda decisión equivocada acarrea. En este simple acto de reconocer que te dejaste engañar porque así lo quisiste, y de entregar la decisión errada al Espíritu Santo, se fundamenta todo el proceso de corrección que nos ofrece el *Curso.* Pero hay algo más que tenemos que reconocer: toda decisión errada nos quita la paz.

Cuando hayas tomado la decisión de purificar tu mente, habrás usado tu poder de decisión a favor de lo que es de Dios y en beneficio de lo que es bueno para todos. Cada vez que ejercemos deliberadamente nuestro poder de decisión con este fin, tenemos un atisbo de lo que en verdad somos. Nuestro poder de decisión es un reflejo del poder de Dios, que es el único poder que existe. No hay otro, pues, nuevamente, ¿en qué parte de Dios podría haber otro poder que se opusiera al Suyo? Cuando usas tu poder de decisión inspirado por el Espíritu, la decisión que tomas te hace feliz. Cuando usas ese poder eligiendo desde la mente errada, que es ajena a tu naturaleza, no puedes sino experimentar culpa.

El poder de decisión es lo más próximo a la verdadera voluntad. En el Cielo *ejercemos* la Voluntad que compartimos con el Padre. Aquí, en el sueño, nuestra voluntad está aprisionada, pues solo una voluntad aprisionada podría haber dado lugar al mundo de ataque y contraataque que percibimos.

Es imprescindible que veas que tomar una decisión errada no fue simplemente que te dejaste engañar por el ego, sino que *quisiste* dejarte engañar, porque esto reafirma el hecho de que el ego no tiene ningún poder sobre ti. Tú sigues siendo el que toma las decisiones y, por ende, el que siempre tiene el poder. Y todo el poder que el ego parece tener es el que tú mismo le has *dado* al creer en su existencia y al obedecerle. Pero no puedes realmente darle tu poder, que es tuyo para siempre y... ¡no es transferible!

No temas reconocer cualquier error que cometas. En última instancia, solo el personaje que creemos ser se equivoca, pero sus equivocaciones tienen remedio, pues todo aquí ocurre dentro de la ilusión, no en la Realidad.

El *Curso* nos exhorta continuamente a que le entreguemos todo aquello que nos hiere o avergüenza al Espíritu Santo para que Él lo deshaga, lo cancele, lo sane. Pero Él no puede hacer nada sin el reconocimiento de que, no solo te dejaste engañar, sino de que *quisiste* dejarte engañar y, por eso tomaste una decisión equivocada que te quitó la paz. En esta condición, la entrega que puedas hacer no será total, pues estás ocultando tu participación en lo que pasó. Reconocer que actuaste *a sabiendas* es esencial para que toda decisión errada pueda cancelarse, así como todas sus consecuencias. Y el Espíritu Santo lo hará, pues esa es Su función.

Podrás hacer docenas de seminarios, estudiar y leer el *Curso* innumerables veces, dilucidar acerca de sus abstracciones y leer libros como este acerca del *Curso*, pero, hasta que no te comprometas a examinar el contenido de tu mente y a hacer una minuciosa búsqueda de todo aquello que tú pensaste, dijiste o hiciste que Dios no hubiese pensado, dicho o hecho —y se lo entregues al Espíritu—, tu progreso será lento y continuarás sosteniendo el mundo de dolor, ataque, venganza y desamor que percibes. Recuerda que todo lo que no has procesado se verá reflejado en ese mundo, pues está en tu mente.

Recuerda también que tu dolor no tiene nada que ver con lo que crees que alguien te hizo, sino con lo que tú le hiciste a otro. Esa es la fuente de todo sufrimiento, pues, al «reaccionar sin amor ante una de las criaturas de Dios», dejándote guiar por el ego, eso te produjo culpa. Esto es inevitable. Y ahora el ego se encargará de que *pagues* por lo que él mismo te instó a hacer. ¡Esto es el colmo de la locura! Pero es el patrón de vida de los Hijos de Dios separados. No importa en qué religión fuiste criado, o si no tuviste ninguna, si actúas sin amor hacia otro, has violado la Ley del Amor en la que fuiste creado y el ego, no Dios, se encargará de que sufras por ello. Pero Dios nos dio una Corrección para esto. Y Su Plan es infalible.

6. LA EXPIACIÓN

Cuando te sientas culpable, recuerda que el ego ciertamente ha violado las Leyes de Dios, pero tú no. Los «pecados» del ego déjamelos a mí. Ese es el propósito de la Expiación. Pero hasta que no cambies de parecer con respecto a aquellos a quienes tu ego ha herido, la Expiación no podrá liberarte.

(T.4.IV.5:1-4)

El *Curso* dice que el ego no es nuestro amigo y que es solo una parte de lo que creemos acerca de nosotros. El ego no confía en nadie, pues sabe que en cualquier momento podemos darnos cuenta de todo el engaño, y eso sería su fin. Y esa es la razón por la que quiere destruirnos. Esto suena fuerte, pero cuanto antes te des cuenta de ello, antes le retirarás tu fidelidad, tu amor, y saldrás del *ensimismamiento* en el que estás aquí, creyendo ser lo que no eres, y siéndole fiel a algo que tú mismo inventaste, pero que no te quiere, sino que, por el contrario, ansía tu muerte.

El Hijo fue creado para ser un cocreador con Su Padre y para que, de buena voluntad y gustosamente, *se deleitara creando lo bueno, lo hermoso y lo santo,* y de este modo, extendiera el Reino de Dios. El *Curso* afirma que la Creación sigue extendiéndose, pues el error original se corrigió de inmediato.

43

Lo que queda ahora es como una vaga memoria de algo que tan solo duró un instante y que fue subsanado al momento. Y todo lo que aparentemente está sucediendo en dicha memoria está ocurriendo *en ninguna parte*, pues no puede ocurrir en la Realidad. Pero ahí, en esa *ninguna parte*, es donde nos encontramos soñando el sueño de separación y muerte. Esto necesitaba corregirse, ya que no era la Voluntad del Padre, y Su Hijo jamás podría ser feliz en ese sueño de venganza y ataque, pues va en contra de Su naturaleza.

Uno de los atributos de la mente es que todo lo que entra en ella queda grabado ahí para siempre. No se puede borrar o eliminar. ¿Cómo entonces se iba a poder corregir la creencia en la separación si ya está en la mente del Hijo? Y ¿cómo podría resolverse el que el Hijo estuviese ahora teniendo un sueño que estaba ocurriendo en *ninguna parte?* Fue necesario que se ideara un plan y una defensa tan espléndida que, por su calidad, una vez «instalada» en Su mente, hiciera imposible que Él pudiese albergar esta defensa y, al mismo tiempo, conservar el concepto de la separación.

Esta espléndida defensa es la Expiación. Ambos conceptos, por sus respectivas naturalezas, no pueden coexistir en la mente. La Expiación, por su procedencia divina, imperará sobre el concepto de separación. Al ser nuestra mente parte de la Mente de Dios, la atracción que la Expiación ejercerá sobre nosotros hará que la aceptemos, y lo haremos con el beneplácito de Cristo.

Cabe mencionar que, incluso después de años de estudiar y de leer el *Curso* incontables veces, no entendía exactamente lo que era el «*Atonement*», la traducción al inglés de la palabra «Expiación». El *Curso* nos ofrece tantas descripciones con respecto a lo que es la Expiación —con «E» mayúscula— que a veces me desesperaba tratando de entender lo que era, pues resultaba indudable que era un concepto muy importante y central en el estudio del *Curso*, pues, de otro modo, no la nombraría tanto ni repetiría que *la única responsabilidad del obrador de milagros es aceptar la Expiación para sí mismo*. Finalmente, el Espíritu me reveló su significado y todo se clarificó.

El Plan de la Expiación fue la respuesta al pensamiento de separación, y fue brillante. El *Curso* dice que Jesús vino a este mundo a poner en marcha dicho Plan y que dejó al Espíritu Santo a cargo del mismo. La Expiación es un conjunto de ideas que constituyen un solo concepto que tenemos que dejar instalar en nuestra mente, ya que, antes del error y de haber creído que pecamos, no había necesidad de expiar nada. El concepto de Expiación es como un «chip» al que tenemos que dar nuestro consentimiento para que se pueda instalar en nuestra mente, ¡en nuestro disco duro! Por eso la insistencia del *Curso* de que aceptemos la Expiación para nosotros mismos. Pero, al no entender exactamente lo que es, no sabemos cómo aceptarla. Parte del propósito de este libro es aportar luz con respecto a lo que es la Expiación, cómo aceptarla y cómo ponerla en práctica.

El ego, tratando siempre de imitar al Espíritu Santo, pero siempre de una manera demente, también *ideó* su propio plan de expiación. El Plan de Expiación del Espíritu supone el fin de la culpa, al corregir la decisión errada y cancelar todas sus consecuencias. El plan de expiación del ego supone conservar la culpa, y la manera de hacer esto es instándote a que la proyectes. Todo lo que proyectas se queda en tu mente. Este es uno de sus atributos. Es esencial que todos los estudiantes del *Curso* entiendan la diferencia que hay entre el plan de expiación del ego y el Plan de Expiación del Espíritu. Y todo tiene que ver con la manera en que cada plan gestiona la culpa.

Te sentirás culpable por todo lo que haces dejándote guiar por el ego, pues eso viola la Ley del Amor. Entonces el ego usará todo lo que *hayas hecho* de esta manera para hacerte sentir culpable. Por supuesto, Quien realmente eres no puede pecar ni, mucho menos, sentir culpa, pero al haberte identificado con el ego, te has identificado con la imagen de ti mismo que inventaste. Y eso que crees ser es lo que siente culpa, pero quiere que seas tú quien la experimente; y tú, que no puedes pecar ni sentir culpa, creerás que, en efecto, eres culpable y malvado. Esto es un engaño de tal magnitud que, cuando nos demos cuenta de ello, no podremos creer que lo hayamos creído.

El plan de expiación del ego se basa en que proyectes la culpa que sientes al haber pensado, dicho o hecho algo que Dios no hubiese pensado, dicho o hecho, o cualquier cosa que vaya en contra de la Ley del Amor. No obstante, proyectándola es como la conservas, pues, como ya dije, esa es una ley de la mente. Y te dejas engañar y crees que, al condenar y atacar a otro, eres más inocente que él. Sin embargo, solo los culpables atacan, solo los culpables condenan, solo los culpables descalifican, pues es la manera en que, dirigidos por el ego, lidian con su culpa. Su vida se vuelve un infierno y buscan culpa por todas partes, concretamente en otros. Y, al buscarla, la encuentran, y no dejan ni una sola piedra sin remover, de modo que no se les escape ni la más mínima mota de culpa, y así engrandecerse a costa de la culpabilidad de otro.

Todo ello es parte de la trama que se vive aquí en la ilusión, de hecho, es la trama central. La solución del ego para supuestamente salvarte del *dolor* que la culpa acarrea es que culpes a otro, y así, *la culpa siempre la tiene otro*. Pero lo que proyectas se queda contigo, de manera que, bajo el plan de expiación del ego, no hay forma de deshacerte de la culpa, y entonces la ocultas profundamente dentro de ti, pensando que de esta manera te puedes escapar de ella.

El *Curso* dice que todo sufrimiento aquí es una forma de expiación, con «e» minúscula, pues interpretarás ciertas situaciones, de tal forma que te produzcan dolor. De esta manera *expías*. Y, como creemos que en efecto hemos pecado, el falso yo casi se alegra de ese sufrimiento temporal, pues cree que así *paga* por sus pecados ahora, o bien que eso disminuye el castigo atroz y eterno que *sin duda Dios tiene reservado para él.* Tenemos terror y una enorme resistencia a buscar en nuestro interior todo aquello que ha producido culpa. Preferimos vivir en el olvido, y esperar que de alguna manera la culpa desaparezca por su cuenta —o *pagar* con la moneda del sufrimiento de vez en cuando—, antes que ir dentro de nosotros a buscar toda la negrura que creemos que está ahí, soterrada, fuera de nuestra conciencia.

Pero solo hay una manera de deshacernos de la culpa, y es buscando todo fragmento, residuo o retazo de ella que hayamos ocultado y traerlo a la superficie de nuestra mente, y allí, con el Espíritu Santo a nuestro lado, *confesarnos,* decir la verdad, sin justificaciones, sin excusas, de cada acto que nos produjo culpa. Lo que hay que entregar es la decisión errada que tomamos, la que nos llevó a actuar de tal manera que nos provocó la culpa. Bajo el plan de expiación del ego sufrirás, para así pagar por tus pecados, pues crees absolutamente que pecaste. Tu Ser, Quien eres realmente, no puede pecar. No se puede hacer suficiente hincapié en esto. El yo que crees ser, con el que te identificas, es el que se equivoca. Pero él quiere que seas tú el que pague, Tú, el Hijo de Dios, Quien no puede pecar.

Aquí hay que expiar. No podemos escapar de ello. Pues, al haber creído que pecamos, se volvió necesario *expiar,* no porque fuese verdad que pecamos, sino solo porque nosotros nos lo creímos. Por eso se planeó la Expiación, para que todo error pudiese ser expiado por Ella, es decir, deshecho, corregido, perdonado. Brillante, brillante.

Algunas personas no están de acuerdo con que hayamos usado la palabra «Expiación» para traducir «*Atonement*», probablemente porque la asocian con el concepto de expiación que se nos ha enseñado aquí. Yo misma lo hice durante muchos años, por la misma razón. Sin embargo, según la Expiación vaya adquiriendo más y más significado, y el entendimiento de la misma se profundice, todos llegarán a amarla tal como la amo yo.

La Expiación se vuelve real y visible para los que la ponen en práctica. Esa es tu única función en la Tierra [...]
(T.14.IV.3:6-7)

7. LA ÚNICA DEFENSA

La Expiación, pues, resulta ser la única defensa que no
es una espada de dos filos. Tan solo puede sanar.

(T.2.II.4:8-9)

La manera más extraordinaria de procesar todo aquello que acarrea culpa está claramente descrita al final del Capítulo 5 de *Un curso de milagros*, en la Sección VII. Ahí se nos explica que tenemos que llevar nuestra mente al momento en que se tomó la decisión errada. Obviamente, no podrás recordar el momento exacto de muchas de las decisiones erradas que has tomado, pero puedes intentar llevar la mente lo más cerca de ese momento. Y, como estás dirigiéndola a algo específico, te plantará batalla, pues no le gusta para nada que se la dirija o que haya alguna interferencia en su continuo divagar, en la inercia en la que se encuentra.

Pero tu intención de querer encontrar ese momento, o lo más aproximado, se impondrá, pues aunque no lo recuerdes, eres el soberano de tu mente. Una vez encuentres el momento en el que tomaste la decisión errada lo sabrás, y entonces se la entregas a la *Expiación en paz.*

Si sigues estos pasos, experimentarás *en vivo* cómo llega hasta ti la Expiación y te envuelve. En ese momento percibes tu eterna inocencia. Es una experiencia inolvidable, inefable. Pero no es que lo que pasó se olvide. Lo que sucede es que su percepción queda transformada, y eso es lo que te libera de la culpa ocasionada por la decisión errónea, pues ya no hay *causa* de la que el ego se pueda valer para hacerte pagar con dolor por tu error.

No podemos renunciar al hecho de tener que tomar decisiones, aunque sabemos que es una «carga», como muy bien dice el *Curso*. Pero la gran ventaja de tomar toda decisión con el Espíritu es que ninguna de ellas nos provocará culpa. A medida que sigas adelante por este camino, te darás cuenta de que al final eso es lo que hay que sanar: la culpa. Y no es que la culpa sea real. Dios no la creó, por lo tanto, no existe. Pero eso no quita que la experimentes aquí. Cada vez que el aguijón de la culpa se presente para torturarte, es obvio que pasó algo que no estaba motivado por el Amor. Algo pensaste, dijiste o hiciste que Dios no hubiese pensado, dicho o hecho... y el ego se asegurará de que experimentes culpa y sufras por lo que *hiciste*.

Entonces es importante procesar lo que sea que haya provocado culpa en ti sabiendo que la culpa no es real. Y esto requiere nuevamente «la tarea de ir a buscar en tu interior», preguntándote a ti mismo: «¿De qué me siento culpable?». La mente te lo dirá de inmediato, pues no puede sino responder a cualquier petición que le hagas. Hay personas que, habiendo leído el *Curso*, saben que la culpa no es real, y lidian con ella cuando surge, negando su existencia, y llegan hasta ahí.

Un ejemplo de esto es algo que le ocurrió a una amiga que, en una de las dinámicas de perdón que tienen lugar en los seminarios que imparto, recordó las muchas veces que había castigado corporalmente a su hijo y la falta de paciencia que tuvo con él. Rompió en llanto y no parecía que pudiera haber consuelo para ella. Otra persona, también estudiante del *Curso*, se le acercó y, cuando mi amiga le dijo lo que estaba pasando, ella le respondió que no tenía por qué sentirse culpable, pues la culpa no era real. Y esto es cierto. Pero la culpa no puede sanarse solo con escuchar estas palabras o leerlas. No obstante, son la base desde la que, entonces, podemos procesarla; primero, reconociendo qué fue lo que hicimos o no hicimos que la provocó, y después, entregándole al Espíritu la decisión equivocada que nos llevó a actuar sin amor. Esto es lo que significa procesar la culpa con el Espíritu. Y puede ser eliminada, *precisamente,* porque no es real.

Valerte de ese entendimiento sirve para que te atrevas a buscar sin temor la fuente de cualquier sentimiento de culpa que estés experimentando. Y como tememos a *ese castigo atroz que seguro nos espera* y que el ego utiliza para mantener nuestra alianza voluntaria con él, entonces hará todo lo que pueda para evitar que veas la culpa que está acumulada en tu mente y, sobre todo, que se la entregues a la Expiación. El mismo *Curso* afirma que si sientes culpa, indudablemente *actuaste sin amor ante una de las creaciones de Dios.* La culpa tiene que ser reconocida y procesada.

Si cometemos errores, no podemos escaparnos de la culpa, pero siempre podremos, con la ayuda del Espíritu, procesarla y, de este modo, cancelar todas sus consecuencias. Hay quienes argumentan que esto es como dar licencia o carta blanca a que la gente pueda hacer lo que se le antoje, ya que luego lo pueden procesar con el Espíritu. Lo cierto es que al reconocer nuestra inocencia, nuestros actos se verán determinados por decisiones que estarán en armonía con la verdad. Y, aunque nos equivoquemos, hay *algo* en nosotros que es más fuerte que el ego y, al final, vamos a querer actuar en congruencia con lo más sublime que hayamos entendido. Por tanto, querremos limpiar nuestra mente para que se vuelva el reflejo de la verdad de la que forma parte y de la inocencia que está implícita en ella.

Cada vez que tomo una decisión por mi cuenta, inevitablemente experimento el dolor y el malestar que la culpa provoca. Así que la única salida que tengo es pasar por el proceso de admitir que me dejé engañar porque así lo quise, y que, en consecuencia, actué a sabiendas y ello me quitó la paz. Admitir esto nunca es fácil, pero, después de años de recorrer este camino, lo hago cada vez más pronto, pues la pérdida de paz y el desasosiego asociado por haber actuado por debajo de lo que en verdad soy me resulta intolerable. Y va en contra de mi decisión de ser feliz.

Saber que ya he sido perdonada es lo que más me ayuda a querer limpiar todo lo que me provoca culpa y me quita la paz, así como a mantener mi compromiso con la impecabilidad y a actuar siempre desde el Amor en todo. Ello habla de la eterna Promesa que nos hizo el Padre y la que nosotros le hicimos a Él. Y también de nuestra Inocencia, la cual nada pudo mancillar jamás. No hay nada que esté exento del perdón, nada. Y entender esto me hace querer caer de rodillas y dar gracias infinitas a mi Padre.

Ante cualquier tentación que te asedie, de la clase que sea, clama de inmediato por la Expiación, y Esta vendrá a ti y te cubrirá con su santo manto hasta que retornes a tu cordura. La tentación es la idea demente de que algo nos puede dar *más de algo*, por ejemplo, *más placer;* y así caemos en el engaño y tomamos una decisión errada, pensando que vamos a tener *más* de ese algo que creemos que nos va a satisfacer. Sin embargo, lo que nos traerá es culpa, pues es esta la que nos tienta. La culpa es el arma favorita del ego y toda decisión errada se toma a instancias de él, pero lo más insidioso es que *él solo castiga a los que lo obedecen.*

La Expiación es nuestra única defensa. Y, como ya dije, es el concepto más importante del *Curso*. La causa de todo sufrimiento y del dolor es la *culpa original* que sentimos al haber creído que *abandonamos* a nuestro Padre y, a partir de ahí, todo lo que hemos hecho desde la ausencia de amor. La Expiación fue la solución, pues *expía* el pecado que el Hijo cree haber cometido. No tengo palabras para expresar lo que el entendimiento de lo que es la Expiación ha supuesto en mi vida y la profunda gratitud que siento por este regalo de Dios.

La aceptación de la culpabilidad en la mente del
Hijo de Dios fue el comienzo de la separación, de la
misma manera en que la aceptación de la Expiación
es su final. El mundo que ves es el sistema ilusorio
de aquellos a quienes la culpa ha enloquecido.
(T.13.Intro.2:1-2)

8. TODO AQUÍ ES UN SUEÑO

Estás soñando continuamente. Lo único que es
diferente entre los sueños que tienes cuando duermes
y los que tienes cuando estás despierto es la forma que
adoptan, y eso es todo. Su contenido es el mismo.

(T.18.II.5:12-14)

Hace muchos años, antes de que el *Curso* llegase a mi vida, cayeron en mis manos los dos primeros libros de Carlos Castaneda, *Las enseñanzas de don Juan* y *Una realidad aparte*, los cuales cambiarían el curso de mi vida. Los leí repetidas veces y recuerdo que en algún pasaje de uno de ellos, según lo entendí, don Juan le dijo a Carlos, su aprendiz, que para que pudiese comprender el conocimiento que le estaba impartiendo tenía que volverse lúcido en el sueño, es decir, ser consciente durante el sueño de que estaba soñando. Pero no solo eso, sino que una vez lúcido, tenía que ejecutar en el sueño una orden que previamente se hubiese dado a sí mismo en el estado de vigilia. Le sugirió que dicha orden podía ser mirarse las manos. Esto me fascinó y me pareció absolutamente extraordinario, pero no creí que fuese posible.

Aun así, supe que tenía que intentarlo. Aunque me decía a mí misma: «¿Cómo voy a poder no solo volverme consciente de que estoy en un sueño, sino además llevar a cabo una orden que me he dado a mí misma en estado de vigilia?». La posibilidad de lograrlo se apoderó de mí de tal manera que todas las noches, cuando ya estaba casi a punto de quedarme dormida, me daba instrucciones a mí misma para tener un sueño lúcido y, una vez que estuviese lúcida, me mirara las manos.

Pasaron unos seis meses y yo seguía insistiendo todas las noches en lo mismo. Y un buen día o mejor dicho, una buena noche, sucedió... No sé cómo, pero, de repente, la yo que estaba soñando se hizo consciente de que estaba en un sueño que la otra yo estaba soñando y, de inmediato, me acordé de que tenía que mirarme las manos. Cuando lo hice, eso me transportó a un estado de lucidez que no hay manera de describir. La yo que estaba en la cama era igualmente consciente de lo que estaba pasando, y supe que lo que acababa de ocurrir iba a cambiar todo en mi vida. Era imposible tener una experiencia de esta naturaleza sin que eso no hiciera tambalear todo lo que yo pensaba o creía real. Cuando desperté, estaba tan y tan feliz... ¡Algo había cambiado para siempre! Mi camino espiritual tomó otro rumbo.

Continué teniendo sueños lúcidos por muchos años y llevando a cabo tareas que me asignaba a mí misma en vigilia. Recuerdo que una vez, durante una etapa en la que quería saber más acerca de la determinación, comencé a pedir tener un sueño lúcido cuando ya estaba casi a punto de dormirme, y a las tres semanas se me concedió. Una vez que estuve completamente lúcida, de inmediato me puse a buscar a algún ser humano que estuviese en mi sueño. Pronto vi a un hombre, muy delgado, que por alguna razón me pareció ser británico. Me acerqué hasta él y, en un estado de total autoconciencia y lucidez, le dije que él estaba en mi sueño, y que yo estaba lúcida. El hombre me miró como si estuviese loca y se alejó de mí con una expresión de absoluta incredulidad. Era obvio que no me creyó. Esto era lo que quería corroborar: que él, incluso estando en mi sueño, tenía su propia determinación y que no podía convencerlo aun cuando él estaba en mi mente. A partir de esta experiencia, entendí lo que supone la autodeterminación y por qué Jesús o el Espíritu Santo no pueden tomar por nosotros la decisión que tenemos que tomar para retornar a Casa, pues eso solo lo podemos hacer nosotros. Es nuestra propia determinación.

Alguna vez he pensado que tal vez ese hombre es un ser humano aquí, que estaba soñando al mismo tiempo que yo y que nuestros sueños se *mezclaron*. Al despertar por la mañana, posiblemente le diría a su pareja o a algún conocido que había tenido un sueño muy extraño, en el que una mujer se le había acercado a decirle que ella estaba lúcida y que él estaba en su sueño. ¡Vete a saber!

Cuando el *Curso* llegó a mi vida, en 1978, inicialmente lo rechacé, primero porque no me gustó para nada el título, y segundo porque, desde mi arrogancia espiritual, pensé que era para gente no muy desarrollada espiritualmente que necesitaba milagros para su progreso, y que seguramente era algo simplista. Ciertamente, no era para mí, que estaba en cosas *realmente profundas.*

En aquel entonces, estaba muy involucrada con una corriente del desarrollo humano llamada *est* y, en uno de los seminarios a los que asistí, conocí a unas personas que, por la congruencia e integridad con la que parecían vivir sus vidas, me encantaron. Ambos habían trabajado para *est* y eso les añadía más valor, si cabe.

Cuán grande fue mi sorpresa cuando uno de ellos me dijo que se levantaban temprano todas las mañanas para juntos leer *Un curso de milagros* y hacer la lección correspondiente a ese día. ¡No lo podía creer! Por supuesto que no dije nada. Unas semanas después, me invitaron a una fiesta que iban a dar en su casa, y asistí. A las pocas horas, cuando ya estaba casi lista para despedirme, uno de ellos me trajo el *Texto* del *Curso*, que en aquel entonces era uno de los tres volúmenes que constituían *Un curso de milagros*, y me lo entregó. Lo abrí y leí un párrafo bastante largo. Cuando acabé de leer, supe, sin lugar a dudas, que ¡por fin había encontrado mi camino a Dios! Era el camino con corazón que, según don Juan, el de los libros de Carlos Castaneda, un guerrero tenía que encontrar y, cuando lo encontrase, recorrerlo hasta el final. Mientras conducía de regreso a casa, no hay palabras para describir la dicha en la que me encontraba. ¡Por fin había encontrado mi camino de regreso a Dios! ¡Después de tanto tiempo de búsqueda!

En aquel entonces había que pedir los libros por correo directamente a la Fundación para la Paz Interior, lo cual hice de inmediato, pero me dijeron que tardarían tres o cuatro semanas en llegar. La persona que originalmente me había hablado del *Curso* se compadeció de mí al ver cuánto deseaba tener los libros en mis manos, y me prestó el *Manual para el maestro*, el cual leía de cabo a rabo y luego comenzaba de nuevo. Lo leí ocho veces mientras esperaba mis libros.

Cuando me llegaron, inmediatamente comencé a leer el *Texto* y a hacer las lecciones. El *Curso* tomó literalmente posesión de mi vida. No quería hacer otra cosa que leer y pasar todo el tiempo que pudiese estudiándolo, meditando. Caía en estados de éxtasis espiritual que no eran comparables a ninguna otra experiencia que hubiera tenido antes. La santidad que experimenté desde la primera vez que lo leí era lo más maravilloso que había sentido jamás.

Leí todo el *Texto* en unos cuantos meses, solo para volver a empezar y leerlo todo de nuevo. Y con cada nueva lectura, algo cambiaba en mí. Me volví mucho más serena y mucha de mi importancia personal desapareció. Puedo decir que, además de la santidad que experimenté de inmediato al leer el *Curso*, también me impactó la sensación de paz que el *Curso* siempre me daba. Y experimentar esa paz se volvió el anzuelo que tiraba de mí.

Según leía una y otra vez el *Texto* y hacía los ejercicios diarios, noté la insistencia del *Curso* en que todo aquí era un sueño. Después de varios años de estudio, estando ya en la primera etapa de la traducción, me di cuenta de que nunca había estado lúcida aquí. Y, aunque durante mis sesiones de meditación y estudio del *Curso* había tenido experiencias extraordinarias, de una santidad que no se puede describir, nunca había estado lúcida aquí como lo había estado por muchos años en los sueños lúcidos que tenía cuando dormía. Y sabía perfectamente lo que era estar lucida en un sueño, lo que se experimenta en ese estado, pues no hay nada que se le parezca. Así que me propuse volverme lúcida aquí, y pedirlo todos los días, pues si en efecto esto era un sueño, yo quería comprobarlo.

Durante tres años, casi todos los días, cuando me sentaba a almorzar en la casa donde comenzó la traducción del *Curso*, pedía, con toda mi intención, volverme lúcida. ¿Has oído eso de que muchas veces pedimos cosas y cuando nos llegan casi nos tumban? ¡Pues eso fue lo que pasó!

Un día sentí, y casi podría decir que también percibí, una energía en forma de onda aproximándose a mí, y cuando me tocó, quedé completamente lúcida y consciente de que estaba en un sueño. Tuve la misma sensación que había tenido docenas de veces en mis sueños lúcidos nocturnos, que es una experiencia que no tiene paralelo ni hay nada parecido o comparable. Pero, al revés de lo que suponía que iba a ocurrir, lo que pasó fue que me llené de terror, pues no sabía *quién* me estaba soñando, *quién* era el ser en cuyo sueño yo estaba. En mis sueños lúcidos de por la noche, siempre era consciente de que era yo misma soñándome a mí. Pero no fue así cuando me volví lúcida aquí. Al no saber *quién* me estaba soñando, mi cuerpo entró en convulsiones, nacidas del terror de que quien fuese el soñador pudiera despertar y el sueño desaparecer, y yo junto con él, como pasa con los sueños: que cuando nos despertamos, el sueño y todo lo que había en él se acaba. Me moví de sitio, pero con terror, incluso contuve mi respiración para no atraer la atención del misterioso ser —en cuyo sueño yo estaba— a mi *persona*. Esto duró unos minutos hasta que volví a mi estado normal.

Decir que esto cambió radicalmente algo en mí se queda corto. Durante varios meses entraba de forma espontánea en esos estados de lucidez aquí, que siempre venían precedidos de una onda, y de nuevo mi cuerpo entraba en convulsiones y mi estómago se movía incontrolablemente. Esto nunca me había sucedido en mis sueños lúcidos nocturnos. Era algo completamente nuevo para mí.

Después de una docena de estos episodios, me encontraba un día en una fiesta y, de pronto, sentí la onda aproximarse, pero en esta ocasión *algo* en mí decidió no sentir miedo. Cuando me alcanzó, de nuevo quedé completamente lúcida y consciente de que estaba en un sueño. Pero esta vez no tuve nada de miedo. Veía a todos mis amigos, compartiendo entre ellos, riéndose, moviéndose de un lado para otro, me di cuenta de que todos estaban dormidos, o sea, que estaban dormidos al hecho de que estaban en un sueño. Pero, al mismo tiempo, supe que todos éramos iguales, y que el hecho de que yo supiera que todo era un sueño y mis amigos no, no me hacía mejor que ellos en absoluto. Había una total igualdad entre todos. Vi su inocencia, y supe que lo único que había aquí era Amor.

Ciertamente fue una experiencia inolvidable, y estoy segura de que ha contribuido enormemente en mi camino espiritual.

Pero los sueños, tanto los lúcidos como el sueño en el que estamos aquí, siguen siendo ilusorios. Ahora bien, negar la realidad del sueño en el que estamos no produce el *cambio de mente* que queremos. Es cierto que el sueño no es real, pero, al igual que con la culpa, no podemos detenernos ahí. Hay que valerse de ello a fin de inspirarnos a perdonar y que el cambio de mente que buscamos tenga lugar cuanto antes.

Desde hace muchos años ya no me vienen episodios tan intensos como esos que tuve al principio, pero tengo a menudo momentos de lucidez en los que me vuelvo plenamente consciente de que estoy en un sueño. Siempre me dejan en un estado de felicidad, pues corroboro, una vez más, que en efecto, todo aquí es un sueño. Y esa es la razón por la que podemos perdonar todo, pues el perdón, como muy bien dice el *Curso*, solo es aplicable a lo ilusorio. La Realidad no necesita perdón. Y caigo, nuevamente, en un estado de gratitud, de pura gratitud.

9. TENER RAZÓN

Ahora has llegado a un punto crucial porque te has dado cuenta de que saldrías ganando si lo que decidiste no es lo que quieres. Hasta que no llegues a este punto, creerás que tu felicidad depende de tener razón.

(T.30.I.10:1-2)

He aquí otro de los pilares del sistema de pensamiento que rige en el sueño de separación, y la fuente de tanto conflicto en nuestras relaciones. Creo que un ejemplo vivo lo describirá mejor. Cuando mi hija Ysa tenía unos cinco años, le pregunté qué era lo más importante para los niños de su edad. Ella giró la cabeza, como para pensar claramente, antes de darme una respuesta. Luego se volvió hacia mí y, mirándome directamente a los ojos, me dijo: «Tener razón».

Me quedé boquiabierta ante la certeza con la que se expresó. Pero si somos honestos y examinamos esto detenidamente, vemos que no es tan solo cierto para los niños de cinco años, sino para todo el mundo, sin importar la edad. Y es que el empeño de tener razón es una manera de otorgarle *existencia* al falso yo que hemos construido para sustituir al verdadero Yo que somos. Y es también un sólido pilar de la condición de soledad que padecemos como consecuencia de la separación.

La importancia personal o el deseo de ser especial, como lo llama el *Curso*, es la manera en la que cada uno de nosotros, individualmente, intenta afirmarse y solidificar *su existencia* en este sueño. Sin embargo, esto nunca se podrá lograr, pues lo único que es real es el Ser que todos compartimos, y ese Ser no necesita ratificación de ninguna clase. Por otra parte, el «ser» individual jamás podrá ratificarse, pues no existe como tal en la Realidad. Obviamente, parece tener existencia aquí, en el mundo temporal, en el sueño —como lo llama el *Curso*—, en la «visión larga» o «maya» —como lo describen otros—, o en el «mundo cuántico» —como lo identifica la física cuántica—. En fin, que todos estos ejemplos apuntan al hecho de que el mundo que percibimos no es la Realidad Absoluta.

Todas las batallas y conflictos que tienen lugar en este sueño surgen de la creencia en la separación. Al creer que estamos separados los unos de los otros, creemos que siempre tenemos que elegir *entre nuestros intereses y los intereses de los demás*. Y, bajo esa premisa demente, elegimos en función de lo que pensamos que son *nuestros intereses*. Puedes revisar todos los conflictos que has tenido en tu vida y verás que todos se debieron a que ambas partes luchaban por *sus propios intereses*.

Es de suma importancia, por lo tanto, ver el empeño de querer tener siempre razón. Las batallas que libramos, los conflictos que vivimos, las relaciones que se han roto debido a ello y el creciente aislamiento a que dicho empeño nos lleva, todo esto debe ser examinado detenidamente. Es una de las principales tramas que tiene lugar en el mundo de las ilusiones, en el mundo de los juicios, en el mundo que Dios no creó. Para los Hijos de Dios separados, tener razón *garantiza* la victoria a expensas de la derrota de otro. Solo una mente que se considere a sí misma separada podría operar de esta manera. Pero esa es la condición en la que nos encontramos y la perenne batalla que se libra en todos los aspectos de este sueño.

Muchos culpan a Dios por la condición de injusticia que reina en el mundo. Yo misma lo hice durante muchos años. Cuando el *Curso* llegó a mi vida, pude entender que el Dios de Amor, que he llegado a conocer y a amar, no pudo haber creado un mundo donde reina el desamor. Un Dios de Bondad y Compasión no pudo haber creado un mundo donde el egoísmo y el deseo de castigar severamente a los demás por sus pecados son el eje central.

El *Curso* enseña que fuimos creados para *deleitarnos en crear lo bueno, lo hermoso y lo santo,* lo cual me hizo preguntarme: entonces, ¿a qué otra cosa podríamos dedicarnos aquí, en el sueño, sino a *deleitarnos en hacer lo bueno, lo hermoso y lo santo?* Esta enseñanza dio una dirección clara a mi vida, pues ahora tenía un nuevo criterio para proceder en mi vivir diario. El empeño en tener razón no nos da nada. Pero todos sabemos lo que es bueno, hermoso y santo, y lo sabemos porque lo que es verdad en nosotros sigue vivo y permanece como siempre ha sido. Al final, cuando hayamos consagrado deliberadamente nuestra vida a los propósitos de Dios y a todo lo que honra nuestra Procedencia, dicho criterio será lo que impere en nuestras decisiones y, por lo tanto, en nuestro comportamiento.

10. EL CAMINO DEL PERDÓN

No hay nada que perdonar.
Nadie puede hacerle daño al Hijo de Dios.

(T.14.III.7:5-6)

E l *Curso* hace énfasis en el perdón, como medio de liberarnos aquí, para llevarnos al punto en que finalmente queramos perdonar de verdad, y en ese momento declaramos que sí, que vamos a perdonar a quien quiera que sea que haya sido el objeto de nuestro odio, rencor o resentimiento. Cuando dices: «Padre, quiero perdonar a tal persona o a tal situación», Le estás dando tu consentimiento al Espíritu Santo para que el perdón se *dé*. El perdón, como muy bien afirma el *Curso*, es una ilusión, pero no se opone a la verdad.

El Espíritu Santo lo perdona todo porque Dios lo creó todo es una cita textual del *Curso*. Sin embargo, esto es alegórico, ya que el perdón que Él concede es realmente la reinterpretación que hace del error. Pues Él no sabe nada del pecado. Y lo mismo se puede decir de Cristo —la Perfecta Creación del Padre—, así como de nuestro Ser, para Quienes la idea de perdón no tiene sentido, pues no conocen el pecado. El ego, por su parte, jamás entenderá el perdón del que habla el *Curso* y, en cualquier caso, no lo aceptaría pues supondría su fin. Pero aunque no lo entiende, lo ve como una amenaza para él.

Se dice que «solo Dios perdona» y, obviamente, ello se basa en la eterna Misericordia de nuestro Creador. Pero, si queremos ser exactos en esto, Él tampoco puede perdonar, pues en Su Mente no existe la idea de pecado. Y ¿por qué entonces se habla «del perdón de Dios»? Esto es realmente una metáfora, pues aunque Él no puede perdonar, Su Amor sigue siendo la Fuente del concepto de perdón que nos enseña el *Curso*.

Perdonar, pues, en el verdadero sentido de la palabra, es darnos cuenta de que *no hay nada que perdonar*, como leemos en la cita introductoria de este capítulo. Lo que antes veías como algo imperdonable, o de alguna manera tenías que perdonar aunque, sencillamente, no podías por más que tratases de hacerlo, desaparece ante el santo entendimiento de que todo aquí es un sueño, una ilusión, por lo que nadie ha podido jamás hacerte daño o lastimarte en modo alguno. Y así es. Pero, para que este reconocimiento tenga lugar en tu conciencia, es necesario que hayas aceptado el concepto de *perdonar* y entonces puedes darte cuenta —en un momento de santo entendimiento— de que no tienes nada que perdonar porque nadie jamás te ha hecho daño. El perdón es como un «truco divino» en el que el Espíritu nos anima a participar, sabiendo que al final entenderemos.

Así, el compromiso a perdonar todo, no importa qué, es lo que todo estudiante y practicante del *Curso* asume cuando está listo. Y lo hace deliberadamente. Esto es algo que el Espíritu Santo insiste en que yo repita una y otra vez en mis seminarios. Pues cuando asumas el compromiso de perdonar todo, no importa qué, llegará un momento en el que decidirás perdonar «¡solo porque sí!». Y esto es extraordinario, pues es una declaración que haces con la totalidad de lo que eres, y produce una experiencia tal que reconoces inmediatamente el poder de Dios que está en ti. En ese momento te *sabes,* pues algo se reconoce a sí mismo como tu Ser. Hacer esa declaración, y hacerla de verdad, es lo que más te acerca a tener un atisbo de lo que es tu verdadera voluntad.

Y aunque ciertamente que la persona que nos lastimó nos pidiese perdón hasta el cansancio nos ayudaría a querer perdonar, esto ocurre rara vez. Hay que tomar la decisión de perdonar lo que sea que haya sido una fuente de dolor para nosotros, ¡solo porque sí!

No hace mucho se me acercó una persona que ha estado en muchos de mis seminarios y, con un rostro radiante me dijo: «Es cierto, Rosa María, solo se puede perdonar ¡porque sí!». Por su expresión supe que, en efecto, ella había tenido esta experiencia extraordinaria. Ese querer perdonar porque sí implica que no se necesitan razones para hacerlo... Es solo porque ya no quieres seguir sufriendo y has entendido que lo único que te sacará del dolor es perdonar. Esperar a que nos pidan perdón puede terminar siendo una larga espera. Sin embargo, perdonar es para nuestro propio beneficio, pero el ego quiere que creas que si perdonas a alguien, le estarás dando la razón, o que entonces tú eres menos que esa persona. En fin, el ego tratará de convencernos de que no tomemos la decisión de perdonar, y nos dará razones de sobra para que sostengamos los juicios condenatorios y los rencores. El mundo, por otra parte, no nos dará motivos para hacerlo. Tiene que nacer de ti. Y es un *acto* que requiere coraje, pues hace tambalear todo tu mundo.

Atrévete a declarar que vas a perdonar todo, no importa qué, y luego, en un momento de lucidez, di la verdad de algo que lleve mucho tiempo mortificándote y siendo una fuente de dolor para ti, y entonces repite, con autoridad:

«Quiero perdonar a _____ porque sí. ¡He dicho!».

Lo que experimentarás entonces será el poder que siempre ha sido tuyo, y una *conciencia de ser* que *se sabe a sí misma.* Querer perdonar es la contribución que puedes hacer y, al final, lo único que puedes aportar a tu liberación.

A medida que el concepto de perdón que nos ofrece el *Curso* se va instalando en nuestra mente, comienza a calar en nosotros y es lo que al final nos lleva a querer perdonar. Pues cada vez que *perdonamos,* aunque no sea un perdón total, nos hace sentir bien, y como la llamada al júbilo se encuentra en nuestra mente, estamos más inclinados a querer seguir «perdonando» por lo bien que nos hace sentir. Y, entonces, el contraste entre cómo nos sentimos cuando estamos enganchados en un juicio condenatorio contra alguien, en contraposición a cómo nos sentimos cuando *perdonamos,* se hace evidente. Y llega un momento en el que el deseo de ser felices es más fuerte que el deseo de tener razón. Pues todo juicio contra otro lo sostenemos para *tener razón,* para validar la *existencia* del falso yo y para justificar el no perdonar.

El *Curso,* consciente del estado en el que nos encontramos, nos lleva literalmente de la mano, como niños pequeños, al entendimiento desde el cual tomamos las riendas de nuestra vida, con el Espíritu Santo de guía. Es nuestro Ser quien está a cargo de nuestra liberación del enredo mental en el que estamos. A veces, veo este enredo como un virus que se adentró en nuestra mente, para el que la única cura posible es aceptar la Expiación. Y el Espíritu Santo sabe si la has aceptado por tus actos y por tu comportamiento con otros.

Haber aceptado la Expiación supone que tendrás compasión por los errores que otros puedan cometer, pero, sobre todo, con los errores que tú mismo cometas. Haber aceptado la Expiación te coloca en lo que yo llamo, la «modalidad de perdonar», en la que tu buena voluntad para ver más allá de todo error es casi total, y la que falta la proveerá el Espíritu Santo.

Jesús nos trajo la Expiación, que es la idea del perfecto perdón, del perfecto deshacimiento. Y lo logró, no con la crucifixión, sino con la resurrección, pues al resucitar, la idea de la inevitabilidad de la muerte como *el costo del pecado*, quedó resquebrajada en nuestra mente. Por eso lo llaman el Redentor, el que nos redime de la idea de pecado y, por ende, de la muerte. Por eso nos pide que le dejemos a Él nuestros pecados y nos recuerda que no somos responsables de ellos, pues nuestro Ser jamás pudo pecar.

El perdón del que habla el *Curso* no tiene nada que ver con el concepto de perdón que hemos aprendido aquí, en el sueño. Este supuesto perdón tal vez suavice las asperezas que surgen en cualquier tipo de conflicto, pero, al menor desliz, todo lo que *habíamos perdonado* vuelve a estar en primer plano. Incluso hay un refrán que dice: «Perdono pero no olvido», y son muchos los que realmente piensan que eso es perdonar.

El *Curso* insiste en que *perdonemos*, obviamente a otros, aunque afirma que, al final, todo perdón es para nosotros mismos. En los muchos años que llevo estudiando el *Curso* he corroborado que todos los perdones que *he hecho* me llevaron a poder perdonarme a mí misma. Este es el más difícil de todos los perdones, el que más cuesta. Es muy difícil darnos cuenta de que, en efecto, hemos hecho algo que Dios no hubiese hecho, pues ello *mancillaría* la imagen de nosotros mismos que con tanto esmero hemos elaborado. Pero al haber practicado el perdón durante tanto tiempo *perdonando* a otros, vi lo fácil que me resultó perdonarme a mí misma por algo por lo que sentía mucha culpa. La misma compasión que había tenido hacia otros, la apliqué a mí misma. Vi la grandeza del *Curso*, lo inteligente de su propuesta, pues perdonarnos a nosotros mismos es fundamental en el proceso de retornar a nuestra cordura y de reclamar nuestra eterna inocencia. Y sé que no hubiese podido perdonarme sin los años de práctica que he tenido *perdonando a otros.*

Otro punto que debe quedar claro es que no podemos ni siquiera llegar a estar dispuestos a estar dispuestos a perdonar algo que hemos percibido como un ataque. Es sencillamente imposible. Al juzgar lo que pasó como un ataque, no hay manera de que podamos perdonarlo. Todo intento fallará. La clave para salir de esta encrucijada es pedirle al Espíritu que te ayude a ver lo que pasó con otros ojos. Y esto, como todo aquí, es cuestión de cuánto deseas la paz, de cuánto deseas acabar con el dolor. Mientras tu interpretación de lo que pasó siga vigente, el perdón jamás se dará. No es posible perdonar algo que se ha percibido como un ataque. Al pedirle al Espíritu que quieres ver la situación con otros ojos, le estás ofreciendo la pequeña dosis de buena voluntad que Él necesita para proceder. Él podrá entonces reinterpretar, a petición tuya, lo que pasó y, de este modo, tu interpretación de la situación cambia automáticamente, sin ninguna sensación de dolor o pérdida. Por el contrario, es un acontecimiento feliz.

En ese instante te das cuenta de que no hay nada que perdonar. Y por la felicidad que sientes sabrás que, en efecto, el perdón tuvo lugar. Declarar que quieres perdonar a alguien solo porque sí implica que estás dispuesto a renunciar a la manera en la que habías interpretado la situación y al juicio que habías emitido —que es lo que te impedía perdonar— y a aceptar el juicio del Espíritu. Al ver todo con Sus ojos, la compasión se hará en ti y contemplarás con los ojos del Amor al hermano que antes condenabas. En tu corazón le pedirás perdón por haberlo condenado, por haber querido que la culpa recayese sobre él, por haber querido verlo como malo, indigno del Amor de Dios y del tuyo.

Todo lo que hacemos en función de los propósitos de Dios nos ennoblece. Es maravilloso cuando tiene lugar este cambio de parecer, pues da testimonio de nuestra eterna verdad. El verdadero perdón conlleva corrección, porque es el deseo de sanar la creencia de que podemos pecar. De otro modo, el *perdón* que aparentemente concedemos en realidad es un juicio. La corrección, como dice el *Curso, debe dejarse en manos de Uno que sabe que la corrección y el perdón son lo mismo.*

Si ahora mismo hay alguna situación en tu vida que sabes que no has perdonado, incluso si ya lo has intentado, puedes decirle al Espíritu que quieres ver toda esa situación y a las personas involucradas en ella con Sus ojos, con la visión de Cristo, pues quieres salir del dolor que esa falta de perdón te produce. No temas que, por querer sanar esa situación, vayas a *perder.* El ego intentará convencerte de esto e intentará evitar que busques la ayuda del Espíritu, y mucho menos querrá que se te ocurra querer perdonar de una vez por todas. Pero tú no quieres seguir sufriendo y sabes que la única manera de parar ese sufrimiento es perdonando. Y solo puedes perdonar una vez que tu interpretación del asunto haya sido sustituida por la del Espíritu. Él solo espera tu invitación para hacer esa sustitución.

Como dije, al final todo perdón es para nosotros mismos. A medida que avances por este camino, llegará un momento en que te darás cuenta de que has estado proyectando tu culpa sobre algunas personas de tu vida y, al ver esto, te sentirás movido a pedirles perdón, aunque sea en tu mente, por haberlas usado de esa manera. Esto es grandioso.

No obstante, también he llegado a comprender que podemos perdonar solo por generosidad. Tenemos la capacidad de ser generosos, pues somos los Hijos de Dios. Estoy segura de que hay personas o situaciones, ahora mismo en tu vida, con las que puedes practicar tu generosidad perdonando, desde el santo entendimiento de que aquí todos caemos, absolutamente todos. Al elegir ser generoso con otro, esa generosidad se te devuelve multiplicada. Así tendrás otro atisbo de lo que es real en ti, pues compartimos con nuestro Padre todos Sus atributos.

Algo que se me dijo hace años, y que desde entonces he practicado, es que nunca rebajase el camino que otro recorre ni que hiciera o dijera algo que disminuyese la fe que él tiene en lo que cree. Y esto también nace de esa consciencia de generosidad. A lo largo de nuestra travesía aquí, conoceremos personas que caminan por otros senderos, con creencias diferentes a las nuestras. Si queremos ser aprendices impecables, nos abstendremos de criticar o de quitarle valor a lo que creen.

Dentro del cristianismo tradicional hay muchas variantes y con el *Curso* pasará lo mismo. Solo puedo hablar con convicción del Dios, del Espíritu Santo y del Jesús que he llegado a conocer a través del estudio del *Curso*. Algunos de sus planteamientos coinciden con el cristianismo, pero otros claramente no. Sin embargo, he recibido la guía de buscar dónde coincido con otro ser que, al igual que yo, anda en busca de la verdad. Dice el *Curso* que estar aquí supone buscar. Esto nadie lo puede evitar.

Al final, las palabras, las creencias y los conceptos que tenemos de lo que es Dios, Cristo, el Espíritu Santo o Jesús quedarán atrás ante la experiencia vivencial que nace de un corazón manso y de una mente abierta y receptiva, que ha aceptado la Expiación para sí misma. Y más allá de toda creencia, está la condición de creer totalmente. Aunque esto parece contradictorio, no lo es en absoluto. Llegaremos a creer completamente en el milagro. Ese creer completamente es lo que le dará paso. Pero antes tenemos que recorrer el camino del perdón, pues es lo que nos lleva a la humildad que permite que nuestro corazón se vuelva manso, y nuestra mente, receptiva a la verdad.

Es oportuno aclarar en estas líneas que las palabras que empleamos en nuestras conversaciones, explicaciones y otros discursos, y el significado que les hemos atribuido, en muchos casos pueden volverse obstáculos en nuestra comunicación con otros, particularmente cuando se habla de temas espirituales o de crecimiento personal.

Antes de que llegasen a mi vida los libros de Carlos Castaneda y más tarde el *Curso*, estudié, entre otras muchas cosas, semántica, y eso me ha servido enormemente en todo mi trayecto espiritual. Un precepto básico de la semántica es que todo lo que dices es verdad y no es verdad al mismo tiempo, pues las palabras están doblemente alejadas de la experiencia en sí y nunca serán lo que denotan. Es decir, lo primero que se produce es la experiencia; de esta se hace una imagen, y luego se buscan palabras para describir esa imagen. Por ejemplo, una persona puede estar muerta de sed, y no le vale que alguien se le acerque y le repita una y otra vez en el oído la palabra «agua». Lo que esa persona quiere es *agua*. Y lo mismo se puede decir de un cartel que en una carretera anuncia la proximidad de una ciudad. El letrero no es la ciudad. De hecho, la ciudad solo puede experimentarse. Así que, cuando hablo con alguien que está en un camino espiritual diferente al mío, busco más allá de las palabras que esa persona emplea al describir algún concepto para ver a qué se refiere. Y es sorprendente que, la mayoría de las veces, está diciendo algo que he entendido, pero desde otro enfoque.

Las palabras son un intento de acercamiento a algo en concreto; no son en sí mismas eso a lo que apuntan. Realmente son símbolos. Don Juan, de los libros de Carlos Castaneda, y el *Curso* coinciden en este criterio. Ninguna palabra será jamás lo que describe. Son señales que nos encaminan hacia algo que, a continuación, tenemos la oportunidad de experimentar directamente. En este mundo finito tenemos que usar palabras que, al ser parte de este mundo, también son finitas. Pero, usadas bajo la inspiración divina, se vuelven trampolines a experiencias inefables.

El lenguaje que emplea el *Curso* es principalmente cristiano, aunque, como podemos leer en el Prefacio, *aborda temas de carácter universal* que no se encuentran en el cristianismo tradicional. Hay muchas personas que de entrada rechazan el *Curso* solo por el lenguaje que emplea, pues creen que es lo mismo que ya conocen.

El *Curso* coincide con el cristianismo en algunas definiciones de ciertos conceptos claves aunque con un enfoque diferente, debido a que la premisa básica del *Curso* es que el Hijo de Dios jamás pudo pecar, pues la idea de pecado no existe en el Padre y, por ende, tampoco puede existir en el Hijo. Por lo tanto, gran parte de esas definiciones que el *Curso* comparte con el cristianismo son más bien reinterpretaciones de algunos de los conceptos cristianos más conocidos.

El aprendiz que aspira a ser impecable es consciente de esta disyuntiva y, al hablar con otras personas de estos temas, sean cristianas o no, intenta entender sus puntos de vista y en qué ideas coinciden. No intenta convencer a nadie de que su camino *es mejor* o *más avanzado*, pues eso es una demostración de falta de impecabilidad, que tácitamente implica que el otro es *menos* y, por ende, que él *es mejor* o que *está más avanzado*. La idea de competencia está presente en toda actividad humana, así que el aprendiz impecable, consciente de esto, evita caer en este engaño, pues sabe que no le aportará nada. Al final, son sus actos los que dan testimonio de la veracidad del camino que recorre. Pero esto puede empezar a notarse al cabo de muchos años. Sin embargo, él no anda en busca de reconocimiento humano. Si este tiene lugar, bien, si no, bien también. Su gozo estriba en ser impecable.

Para finalizar este capítulo, cabe mencionar que cuando comencé a estudiar el *Curso* en 1978, y me entregué de lleno a esta tarea, estaba convencida de que en dos o tres años iba a tener dominado todo lo referente al perdón. Puedo decir que, sin duda, mi buena voluntad para perdonar y pedir perdón ha crecido considerablemente desde entonces, pero todavía está lejos de ser total. Pero el Espíritu no nos pide que nuestra buena voluntad sea total, sino que con una pequeña aportación es suficiente. ¡Qué feliz me hace esto! Gracias, Padre amado...

11. EL INOCENTE ERROR

*El Hijo de Dios puede estar equivocado, engañarse
a sí mismo e incluso usar el poder de su mente
contra sí mismo. Pero no puede pecar.*

(T.19.II.3:1-2)

A los pocos años de haber comenzado a estudiar el *Curso,*
me preguntaba: «¿Cómo pudo haber entrado un pensamiento no amoroso en la mente del Hijo, cuando Dios
es Amor? ¿Cómo pudo el Hijo haber creído que estaba separado de Su Fuente?». Incluso llegué a tener una batalla campal
con el Padre en la que le reclamaba que Él debió haber sabido
que Su Hijo iba a tener ese pensamiento no amoroso y que
debió evitarlo, y al no hacerlo, ¡mira el lío en el que estamos!
Estaba furiosa con Él, pues veía lo duro y difícil que era perdonar aun con todo mi empeño, y que el fin de este sueño de
dolor no parecía ser una posibilidad real. Pero eso fue muchos
años atrás, cuando todavía no había entendido que el Padre
no pudo haber sabido que Su Hijo iba a tener un pensamiento
de separación, pues, de haberlo, *sabido,* la idea de separación
hubiese entrado en Su Mente y, por lo tanto, se hubiera vuelto
real y eterna, ya que, lo que Él piensa o sabe, lo crea y lo que Él
crea es eterno.

Pero también me preguntaba: «¿Cómo es posible que, si en Dios no hay pecado, el Hijo pudiese haber pecado? ¿Cómo pudo haber entrado en la Mente que Él creó como Su Hijo el concepto de que algo pudiese ser *solo para él?* Y lo que me llegó, lo aclaró todo y llenó de alegría a mi corazón.

Cuando el Padre creó a Su único Hijo, Cristo, lo dotó de todos Sus atributos. El Hijo fue una Creación perfecta, plena y completa en Sí Misma, no un clon de Dios, sino idéntica y semejante a Su Creador e incapaz de pecar o de pensar siquiera en el concepto de separación, pues este no existía en la Mente del Padre. Y, en una de esas vueltas que le di al tema, lo que me llegó fue que el Hijo tenía que conocerse a Sí Mismo, tener conciencia de Sí, tenía que *saberse,* pero en ese *saberse* se vio como si fuese algo aparte de Su Creador y pensó, inocentemente, que estaba separado de Él. Y ahí tuve mi momento de *eureka.* ¡Todo fue un inocente error!

Seguramente, algo que nos ocurrió cuando mi hija Ysa tenía como tres años tuvo que ver con ese momento de eureka. Un día le hice una foto y, cuando la revelamos, cosa que todavía se hacía por aquel entonces, la llamé amorosamente para enseñársela. Ella se acercó con una sonrisa feliz, pero cuando se vio a sí misma sin nadie a su lado, su rostro cambió y rompió a llorar, reclamándome que cómo pude haberla dejado sola, cómo pude haber hecho eso. Por supuesto, le expliqué que yo estaba justo delante de ella tomándole la foto, y que no aparecía en ella pues estaba detrás de la cámara. Ella seguía llorando desconsoladamente, pero después de explicárselo todo otra vez y de mostrarle con ejemplos lo que pasó, finalmente lo entendió, y todo su dolor desapareció y la sonrisa feliz volvió a reaparecer en su rostro. Nunca olvidé este episodio, y siento que se convirtió en la base de la revelación o santo entendimiento que tuve más adelante de que el error original fue tan solo un error inocente, como el que tuvo mi hija que, al verse en la foto sin nadie a su lado, creyó que, en efecto, estaba sola.

Entender que todo fue un error inocente me llenó de tanto regocijo que daba saltos, sintiendo que finalmente había encontrado la respuesta al enigma más grande de la existencia. Todo ello reconfirmó mi comprensión de que lo que Dios creó es Perfecto, Pleno, Eterno y Bueno como Él, y que Su Hijo siempre fue y sigue siendo inocente.

Es necesario recalcar que el error original —la idea de que uno puede estar separado de Dios— necesita corregirse en el mismo nivel en el que tuvo lugar. Intentar corregir los efectos de dicho error es como intentar apagar un incendio echándole agua a las llamas en vez de al origen del fuego. La sensación de carencia que experimentamos aquí surgió como resultado de ese error, pues a partir de entonces el Hijo *se percibió a sí mismo como alguien necesitado*. Por supuesto, eso no es cierto, pues sigue siendo el bien amado Hijo de Su Padre, Quien compartió con Él todo lo que es Suyo, y todo lo que es real es Suyo. Él solo desea que Su Hijo entienda que nunca perdió Su inocencia, y que el pecado que cree haber cometido nunca tuvo lugar.

Cada vez que recuerdo que todo fue un inocente error, vuelvo a mi dicha. Recuerdo la promesa que antaño nos hizo el Padre y la que nosotros Le hicimos a Él. Siento la Integridad que es mi herencia por ser Su Creación y doy gracias por todos los atributos con los qué Él dotó a Su amado Hijo. La culpa deja de ejercer atracción, pues en el estado en el que nos encontramos, no nos damos cuenta de que la culpa nos atrae. De hecho, se puede decir que es la culpa la que nos hace *caer*. Pero basta con recordar que todo fue un inocente error para que recupere la dicha, y pueda decir con certeza que solo cosas buenas y dichosas vienen hacia mí, hacia los seres que amo y hacia toda cosa viviente, pues esa es la Voluntad de Dios.

Cuando te parezca ver alguna forma distorsionada del error original tratando de atemorizarte, di únicamente: «Dios es Amor, no miedo», y desaparecerá

(T.18.I.7:1).

12. EL SEGUNDO ERROR

El brevísimo lapso de tiempo en el que se cometió el primer
error —en el que todos los demás errores están contenidos—
encerraba también la Corrección de ese primer error
y de todos los demás que partieron de él.

(T.26.V.3:5)

El Curso cita el pasaje de la *Biblia* en el que se dice que «sobre Adán se abatió un profundo sueño», pero añade que en ninguna parte de la *Biblia* se hace mención a que Adán haya despertado. Y esto es cierto. No hay referencia en ninguna parte de la *Biblia* a que Adán haya despertado.

Cuando el Hijo creyó que había pecado al pensar que se había separado de Su Padre, se sintió solo y ahí mismo surgió el miedo, y Su mente literalmente se dividió en dos. Esa es la llamada *caída,* la separación. Y fue justo en ese momento cuando sobre Él se abatió ese profundo sueño del que habla la *Biblia*. Y, en ese profundo sueño, soñó con la separación, pues la idea de separación ya estaba en Su mente.

El hecho mismo de que el *Curso* cite dicho pasaje y agregue que en ninguna parte de la *Biblia* se hace mención a que Adán haya despertado fue suficiente para que la importancia de este hecho no me pasase desapercibida. Esto me llevó a entender que Adán sigue soñando y que nosotros, o bien estamos en su sueño, soñando a nuestra vez un sueño de separación al igual que él, o bien somos conjuntamente Adán. Al final he podido entender que ambas cosas son ciertas.

Ahora bien, si el primer error fue una inocente equivocación, ¿de dónde salió la condición de venganza en la que vivimos aquí? Vamos a explorar esto. La creación del Hijo tuvo lugar después de que el Padre y el Hijo prometieran amarse eternamente y que el Hijo sería tan perfecto como Su Padre, pues nunca podría estar separado de Él. *El Hijo no recuerda que le contestó: "Sí, Padre", si bien nació como resultado de esa promesa.* El Padre cumplirá Su Promesa y el Hijo la Suya, pues sigue siendo, *tal como fue creado.*

De manera que el Hijo fue creado con el entendimiento de que siempre estaría unido y, por ende, identificado con Su Creador. Ahora el Hijo de Dios durmiente, creyéndose separado, pero siendo fiel a Su naturaleza, está «unido e identificado» con el ego, que fue Su propia invención. El *Curso* nos dice que *en el sueño, el soñador se hizo a sí mismo, pero lo que hizo se volvió contra él y asumió el papel de creador suyo, tal como él mismo había hecho.*

Podría decirse que este error de identificación se debe a la integridad que como Hijo de Dios Él posee, puesto que aún en el sueño se identifica con lo que cree que es Su creador, al que más adelante también le hizo una promesa de fidelidad. Incluso en Su error manifiesta la Grandeza de la que forma parte.

Un día, cuando tenía unos cuatro años, mientras me encontraba sentada en unos peldaños que daban al patio trasero de la casa de mis abuelos, de repente oí una voz extraña y áspera que me dijo: «Ve y asusta a Aurora y, si me obedeces, te prometo que nunca estarás sola». Aurora era mi abuela materna y yo la amaba. Aun así, titubeé por unos segundos. Pero, por la razón que fuese, algo en mí se resistió y no lo hice. No recuerdo mucho más de lo que pasó después de negarme a obedecer, pero nunca me he olvidado de este episodio.

Lo interesante de esta historia es que esa voz me prometió que, si le obedecía, «nunca estaría sola». La condición de «estar solo» únicamente puede darse en la separación, y es obvio que no forma parte de nuestra verdad, por lo que nos resulta intolerable. Y el ego lo sabe. He llegado incluso a pensar que en algún momento el ego ha pedido algo parecido a todo el mundo y nos ha hecho la misma propuesta. Y, por los actos no amorosos que hacemos, estoy convencida de que, en algún punto, elegimos obedecerle y entramos en un acuerdo con él; luego nos olvidamos de que le dimos nuestro consentimiento. Pero podemos igualmente retirarlo. Y sé que algún día lo haremos.

La condición de «estar solo» en la que se vive en el sueño es ajena a nuestra Unicidad. Aquí todos andamos buscando la unión, y la buscaremos en relaciones especiales, en grupos particulares, en partidos políticos, en equipos deportivos, entre otros, intentando sentirnos parte de algo o en unión con algo. Esto es natural, pues es imposible no querer estar unidos. Y buscaremos hasta que algún día entendamos que todos somos Uno y que la Unicidad es nuestra verdadera condición.

Volviendo al tema del error original, antes de entender que solo fue un error inocente, traté por varios años de encontrarlo dentro de mí, pues el *Curso* insiste en que hay que ir al momento en que dicho error tuvo lugar y corregirlo allí, ya que tratar de corregir sus efectos es una pérdida de tiempo. Solo la causa puede corregirse de manera que deje de producir efectos. Así que me propuse encontrarlo. Me sentaba y le daba instrucciones a mi mente para que me llevara directamente hasta él. Finalmente, después de semanas de tener estas sesiones, me topé con algo que pensé que podía ser el error original, o lo más cerca al mismo que había encontrado en mi búsqueda, y ese algo fue la soberbia. ¡Me quedé de piedra!

Esa soberbia era el ego mismo, y no había en él ni la más mínima pizca de amor. Por el contrario, era puro miedo, algo feo y grotesco. Sin embargo, ahora, después de entender que el primer error fue inocente, pienso que lo que encontré es algo inherente al segundo error.

La soberbia es la base de la desmedida importancia personal, la trama de la *película* que vivimos aquí en el sueño y la que nos hace descalificar a otros para ser nosotros, en comparación, mejores o más que ellos. La soberbia nos impide honrar aquello que merece ser honrado. La soberbia es orgullo, y nos ciega hasta tal punto que incluso podemos llegar a matar.

Cuando el Hijo pidió a Su Padre un favor especial, como dice el *Curso*, Él no pudo entender lo que Su Hijo le pedía, pero sí que, fuese lo que fuese, no lo haría feliz. Y no lo complació. El Hijo, en un arrebato de soberbia y de rabia, *construyó* el mundo físico con la intención de que el Padre no pudiese entrar allí, un lugar donde esconderse de Él y ocultar Su culpa. Pero lo que entendí, y lo que me llenó de alegría, es que todo esto, incluyendo la petición de un favor especial y la construcción del mundo físico —y, por ende, de limitación— solo tuvo lugar en el sueño profundo en el que el Hijo se encontraba. Nunca tuvo lugar en la Realidad.

El *Curso* afirma que todos los errores proceden del error original. Y esto es cierto, pues sin el error original, el segundo, y todos los demás que le han seguido, no hubiesen podido darse. A mi entender, el primero fue inocente, pero desde el segundo en adelante todos han tenido lugar en el sueño de separación, venganza y ataque en el que el Hijo cree encontrarse, aunque no en la Realidad. Y, si no tuvo lugar en la Realidad, no tuvo lugar en absoluto. Esto vuelve a confirmar la eterna inocencia del Hijo. Por eso todo se puede perdonar, pues todo lo que es ajeno al Padre y al Hijo no existe en el Reino de Dios.

Ninguna parte del Hijo pudo pecar o cometer un acto que fuese en contra de la única Voluntad que existe, ni antes ni después del sueño. Adán es el Hijo de Dios durmiente, pero, aunque duerme, Su Padre lo sigue amando, y conserva intactas Su eterna verdad y Su eterna inocencia.

Todo lo que sucede en sueños es ilusorio, por lo tanto, siempre nos resultará ininteligible, pero no porque nos falte inteligencia, sino porque no es real. Muchas veces decimos de los sucesos que ocurren en el mundo: «Es que no me cabe en la cabeza...», o «es que no lo puedo entender», y cosas por el estilo. Y así es. No podemos entender la locura, la demencia que percibimos aquí. Solo estamos capacitados para entender lo que es verdad.

Adán sigue soñando y nosotros, que estamos en su sueño de separación y culpa, soñamos a nuestra vez un sueño de separación y culpa. Pero aún hay más: el mundo que percibimos es ese mismo sueño, que hemos proyectado y ahora lo vemos como algo que está allá fuera de nosotros. En su sueño, Adán cree que fue expulsado del Edén por el *pecado cometido*. Sin embargo, es como un niño pequeño que está confundido, pero que sigue siendo inocente.

El Hijo de Dios durmiente es el Fragmento de la Mente de Cristo en el que el pensamiento no amoroso tuvo lugar, y entonces se desprendió de dicha Mente. Pero en ese Fragmento está contenida la memoria de toda la Mente de la que forma parte. Al igual que un holograma contiene el todo del que forma parte, cada uno de nosotros contiene en su mente recta la memoria de nuestra verdad, pues el Espíritu Santo mora en ella, y es en Su Mente donde se encuentra dicha memoria. La Mente de Dios es Una y la de Cristo también. Y lo mismo ocurre con la Mente del Hijo durmiente, el Adán, que es la nuestra. Y, aunque estamos aquí soñando, nuestra mente sigue siendo parte de la Mente de Cristo, que es parte de la Mente de Dios. La mente errada no existe en la Mente de Dios ni en la de Cristo. Pero es *parte* de nuestra mente y, cuando se haya limpiado de todo lo que no merece estar en ella, se restaurará automáticamente su unidad con la Mente Indivisa y Una.

El Hijo durmiente despertará de Su sueño y mantendrá la promesa original que le hizo a Su Padre, pues se dará cuenta de que ha estado siéndole fiel a algo que Él mismo inventó, pero que no tiene existencia real, pues no fue cocreado con el Padre. El Hijo y el Padre siguen unidos y no tienen ni la más remota idea de lo que aquí ocurre. Recuerda que el *Curso* afirma que el error original se corrigió de inmediato y que no afectó para nada a la Realidad. Y se pudo corregir porque fue completamente inocente e irreal.

En resumen, el ego fue una invención del Hijo durmiente, *que en su sueño, se hizo a sí mismo, pero lo que hizo se volvió contra él y asumió el papel de creador suyo.* Ahora, el Hijo se identifica con él. Desde la confusión en la que estaba, pidió al Padre que hiciera real la separación. El Padre no pudo entender lo que Su Hijo le pedía, pero sí que eso no lo haría feliz, y se negó a complacerle. En un acto de soberbia, el Hijo «construyó» el mundo físico, el de los cuerpos y las cosas separadas, el mundo de las limitaciones. Este acto deliberado y *a sabiendas*, nacido de la confusión de identidad, es lo que yo llamo el segundo error, pues fue, por así decirlo, un *decidido* acto de venganza. Pero solo tuvo lugar en el sueño, no en la Realidad. Por tanto, también podemos decir que nunca ocurrió. La eterna Inocencia del Hijo de Dios permanece incólume.

Pero, incluso aquí, en el mundo físico, la pequeña chispa sigue encendida en nosotros, y nuestra mente, aunque dividida, sigue siendo parte de la Mente de Cristo y conserva la Memoria de Quién es nuestro Creador. Así que el plan del Hijo durmiente de ocultarse del Padre no funcionó. Dios no está aquí en un sentido literal, asevera el *Curso*. De estarlo, el estado de separación sería eterno. Pero sí está en nuestra mente, y no importa cuántos sueños sigamos urdiendo, Él seguirá estando ahí.

El falso yo, la imagen de sí mismo que el Hijo cree ser, es el que fue *engendrado* con el ego. Es como si el falso yo fuese el resultado de la *unión* entre el Hijo de Dios durmiente y el ego. Y esta es la base de la ambivalencia que sentimos con respecto a todo y a nosotros mismos; y por lo que pensamos que somos un ser dividido y en conflicto. Pero solo somos lo que heredamos del Hijo durmiente, que aun dormido, sigue siendo tal como Dios lo creó.

La respuesta al sueño de dolor, sufrimiento y muerte fue el sueño feliz, que el *Curso* afirma que Cristo ya soñó para nosotros. Esa fue la solución más benigna, pues, dado que el Hijo soñaba, podía ser inspirado a soñar un sueño distinto, un sueño feliz. Y todos llegaremos a soñar ese sueño feliz con Cristo, pues esa es la Voluntad de Dios y la nuestra. Tenemos acceso a ese sueño porque es paralelo al sueño de separación y muerte que ahora estamos teniendo. No podemos despertar a la Realidad desde el sueño en el que estamos ahora. Solo podemos hacerlo desde el sueño feliz. Por lo tanto, eso es lo primero que tenemos que alcanzar.

13. LA ETERNA ESPERANZA

En el mundo de los sueños, no obstante, no hay nada que
esté exento de la esperanza de cambio y mejora [...]
(T.29.V.8:3)

Tenemos todas las razones del mundo para sentirnos completamente esperanzados, llenos de una feliz expectativa, pues la Promesa del Padre de que todos regresaremos a Casa se cumplirá. Estamos a salvo, pues somos Su Hijo. Hay una parte de mí que *se sabe* —yo la llamo la chispa—, y que contiene dentro de sí los Grandes Rayos y es eterna como su Fuente. Dios Mismo mantiene viva cada pequeña chispa y, algún día, como nos dice el *Curso, los Grandes Rayos reemplazarán al cuerpo en nuestra conciencia.*

Cuando elijo callar en vez de atacar, el *decididor* que reside en la pequeña chispa, así lo eligió. Cuando ataco, me he dejado guiar por el ego, cuyo reino es un diminuto fragmento de mi mente. Esa pequeña chispa es lo que el Padre quiere recobrar. Ese es el residuo bendito del que habla el *Curso*. Esa es la parte que puede reconocerse a sí misma como el Cristo, pues es parte de la Mente Una que el Padre creó. Todos tenemos acceso a esa chispa. De hecho, aquí, en la ilusión es a lo único a lo que me puedo referir como lo que soy.

Lo que somos es algo que solo se puede experimentar, y hay muchas sendas espirituales que apuntan en esa dirección. Independientemente de cuál sea la que recorras, si es verdadera, te llevará al Camino que Dios determinó que fuese la manera de llegar a Él. Y la manera de llegar a Él es llevando de la mano a tu hermano, pues has dado testimonio de la inocencia que compartes con él. Todas las corrientes y sendas espirituales, las religiones basadas en el Amor, desembocan en Su Camino. El *Curso* es meramente una de ellas. Cada cual se sentirá atraído por el camino con el que se sienta más identificado o que sea más afín a su naturaleza. No vale la pena discutir o batallar pensando que una senda o corriente es mejor que otra. Todos los caminos son barcas que están cruzando el río de las ilusiones, y lo que importa es llegar a la otra orilla. Una vez allí, la barca que utilizaste ya no tiene objeto. Lo importante es ser impecables, intentando ser lo más congruente posible con la meta establecida.

La memoria de la verdad que somos sigue viva en nuestra mente recta, y desde esta mente surgen las ideas del espíritu que somos. De todo pensamiento amoroso que cualquiera de nosotros abrigue es de lo que se compone el mundo real que, por lo tanto, puede ser compartido. El *Curso* nos enseña que los pensamientos de la mente errada, desde donde opera el personaje que creemos ser, serán reinterpretados a la luz del Reino de manera que puedan ser compartidos. Y *cuando hayan sido suficientemente purificados, también serán dignos de ser compartidos*, atributo este que todo pensamiento real posee. Todo lo que es de Dios es compartido. Todos somos inocentes, pues la Inocencia, al igual que el Ser que somos, es compartida. El *Curso* postula que *la Expiación debe entenderse exclusivamente como un simple acto de compartir*. El ego, por otra parte, es exactamente lo opuesto. Es la idea de que algo pueda ser *solo para mí*, que es el eje del pensamiento del mundo. Según la mente se vaya purificando de todo esto, se volverá un espejo tan limpio que reflejará la Verdad Misma. La promesa de Dios es que *al final no tan solo será un reflejo sino que se volverá lo que refleja*. Esto es precioso.

Una de las funciones del Espíritu Santo es ayudarnos a olvidar lo que nunca fue y a recordar lo que siempre ha sido. Dios siempre ha sido. La Realidad siempre ha sido también. Llegar a recordar nuestra Fuente es intrínseco al logro de la paz, pues solo en la paz podremos recordar Quién somos y Quién es nuestro Creador. Es imposible llegar a este recuerdo en el estado de conflicto en el que nos hallamos aquí, en la separación, en la dualidad, pues la idea de compartir está ausente. Cuando olvidemos lo que nunca fue y recordemos la verdad, lo que siempre hemos sido, nos reiremos de lo absurdo que fue haber creído lo increíble. Nuestra resolución de tomar toda decisión en función de si esta nos trae paz o no es lo que nos lleva a la paz.

No hay nada que podamos hacer aquí, en el sentido habitual de lo que significa *hacer*. Pero podemos elegir. Y no solo podemos, sino que tenemos que elegir. El acto de elegir es un tipo particular de *hacer,* porque es el resultado de una decisión. Aunque no podamos hacer nada, no podemos no decidir. Estar en el sueño en el que nos encontramos fue una decisión. Todo es una decisión, incluso perdonar y ser feliz. Así que elegir ejercer nuestro poder de decisión es el único *hacer* que podemos *hacer*.

Y nos valdremos de este poder de decidir para tomar la misma decisión que Jesús tomó: escuchar una sola Voz. Esa es la Voz que nos inspira a ver una situación, que ha sido una fuente de dolor para nosotros, con otros ojos y a querer perdonar todo. Llegar a querer perdonar todo es vivir la vida desde *una conciencia de ser* que se conoce a sí misma y se sabe buena.

Al final, todo lo que procede del Bueno, es bueno. Y lo maravilloso de esto es que todo el mundo reconoce lo bueno, y esto es así porque lo bueno es algo que todos compartimos. Aunque creemos ser dos seres en conflicto, diametralmente opuestos en todo, uno bueno y el otro malo, la verdad es que solo somos lo bueno. Para el ego, algunas cosas son *buenas,* como que lo elogien y que otros egos se doblequen ante él. Todo eso es *bueno* para el ego. Y las cosas malas son aquellas que amenazan su existencia. El bueno en ti no tiene opuestos. Sencillamente eres bueno. Punto.

Recuerdo que de niña, cuando me castigaban por alguna desobediencia, que normalmente era el motivo del castigo, yo sabía que era buena. Y mi sentir es que todo el mundo ha tenido esta misma experiencia. Tal vez no la recuerde, pero sería imposible estar aquí, en el sueño, sin haber tenido al menos un atisbo de nuestra verdad. Nosotros mismos nos hemos echado encima innumerables velos, queriendo ocultarnos de Dios para privarlo de Su Hijo.

Nos hemos creído lo que el ego nos dice que somos. Pero como eso nos resulta tan aterrador, lo ocultamos, aunque su voz nos lo recuerda de vez en cuando y sentimos terror. Luego nos dice que él es nuestro protector y nos insta a proyectar la culpabilidad fuera de nosotros, en otros, y eso no hace sino aumentar la culpa que ya sentimos por el *terrible pecado* que creemos haber cometido. El *Curso* afirma que cuando despertemos nos costará creer que alguna vez pudimos haber creído todo lo que ahora creemos.

Cuando nuestra mente quedó dividida entre la mente recta y la mente errada, esta, a su vez, se dividió también en dos, y así nos ofrece alternativas entre las que elegir que en realidad son la misma alternativa. Y al estar engañados y tener la absoluta necesidad de decidir, creemos que esas son las únicas alternativas que tenemos. Saltamos de un lado al otro sin darnos cuenta de que sigue siendo la misma alternativa que, al final, nos llevará al dolor. Lo más insidioso de esto es que, al estar tomando decisiones entre esas dos supuestas alternativas, no vemos la alternativa real que sí tenemos y que, de verla claramente, la elegiríamos de inmediato.

Un ejemplo de esto es algo que aprendí en una de las muchas corrientes espirituales en las que me inicié, llamada Arica, que me resultó muy útil. En Arica nos daban su interpretación del Eneagrama, una técnica que muchas personas usan en su proceso espiritual. Enseñaban que cada uno de los nueve puntos que componen el Eneagrama contiene una dicotomía, además de un punto fuera de ella, que sería el deseado. Uno de los puntos contiene la dicotomía del perro y el lobo, y la gente saltaba de uno al otro pensando que habían hecho un verdadero cambio.

Por aquel entonces residía en la ciudad de San Francisco, California, pero me fui a otra ciudad a pasar unos días. Al tercer día, llamé a la casa donde vivía y el chico encargado de la residencia contestó. Le pregunté cómo estaba todo y me dijo que muy bien, pero añadió que había entrado a mi cuarto y que había cambiado de sitio algunas cosas para que «se viera mejor». Yo me quedé muda, pero internamente me puse furiosa. Me despedí de él como si no me hubiese afectado, pero cuando colgué el teléfono, el lobo apareció y le expliqué a la persona que había ido a visitar lo que había pasado en mi casa y le expresé mi furia diciendo: «¿Cómo se ha atrevido ese chico a cambiar las cosas de lugar en mi habitación sin mi permiso? ¿Quién se cree que es?». Mi indignación era completamente obvia. La persona a quien le comuniqué esto, también estudiante de Arica, me dijo, mirándome a los ojos, que acababa de presenciar en vivo la dicotomía del perro y el lobo.

En el momento en que el encargado de la casa me contó lo que había hecho, yo caí en la modalidad de perro. Metí el rabo entre las piernas y, como una cobarde, no dije nada. Pero, al colgar, el lobo apareció y su furia era total. Cuando mi amigo me dijo que había observado esa dicotomía, lo vi y volví a enmudecer, pero esta vez debido a que en ese momento me di cuenta de lo que acababa de suceder. Esa noche pasaron por mi mente todas las situaciones parecidas que había tenido en mi vida, como si fuera una película, y me percaté de que en la mayoría había sido perro, pero en algunas, ciertamente había sido lobo. Lloré, pero algo cambió en mí para siempre. Al día siguiente, habiendo procesado ya todo el asunto, llamé otra vez a mi casa y el mismo chico contestó nuevamente el teléfono. Desde una absoluta calma y serenidad, pero con aplomo, le dije que no me había gustado que hubiese cambiado cosas de lugar en mi habitación sin pedirme permiso. Si tenía alguna sugerencia, siempre me la podía comunicar y luego yo vería si la aceptaba o no. No hubo ataque en mi comunicación. Este es el tercer punto de la dicotomía al que he hecho referencia. Es como si los otros dos fuesen la tesis y la antítesis, y este fuese la síntesis.

Años después, cuando leí en el *Curso* que el ego nos ofrece dos alternativas, aunque ambas son igualmente ilusorias, me acordé de lo del perro y el lobo. Esto me ha servido enormemente en mi proceso, y es un ejemplo que he compartido en muchos de mis seminarios. La gente lo entiende, ya que todos hemos caído en esa dicotomía creyendo que, en efecto, hemos dado un gran salto sin darnos cuenta de que son la misma alternativa, y que no redundará en nada beneficioso para nosotros. La cobardía del *perro* es antitética a nuestro Ser, al igual que la ferocidad del *lobo*.

El *Curso* asevera que la única alternativa real es el Cielo. Y según vayamos purificándonos, tendremos una milésima de tiempo adicional que nos permitirá ver claramente las verdaderas alternativas que tenemos ante nosotros. Cuando las veamos, es indudable que elegiremos a favor de Dios, a favor de nuestra verdad.

Y esto jamás ha de cambiar. La verdadera alternativa siempre está presente, y la atracción de Dios es más grande que la atracción de la culpa, de lo que no es de Dios. Por eso podemos sentirnos esperanzados, pues la Eterna Esperanza vive en nosotros.

Otra razón para sentirnos esperanzados es que siempre podemos decirle a cualquier enfermedad que tengamos o podamos padecer: «¡No tengo ninguna necesidad de esta enfermedad!». El *Curso* continuamente nos alienta a reclamar el poder que es nuestro solo por ser Hijos de Dios.

Nunca le tengas miedo al ego. Somos los Hijos de Dios y por ello contamos con todo el poder para acallarlo. Esto hay que mantenerlo presente, pues, a medida que avances, el ego se sentirá cada vez más amenazado y buscará que le devuelvas tu fidelidad. Consigue esto haciéndote sentir miedo y ofreciéndote *protección,* y en esas condiciones, corremos de vuelta a él. Si no lo hacemos, nos amenaza con el castigo o con terribles desenlaces. No te dejes engañar. Decídete a confrontar de inmediato todo pensamiento que te haga sentir terror, pues es el ego el que te lo ofrece. Lidia con él como un aprendiz impecable, que sabe Quién camina a su lado y que le recuerda que está a salvo y que no hay nada que temer.

El Dios que yo amo no castiga. Es más, ni siquiera ve los errores que cometemos en el sueño, pues la idea de errar no está en Su Mente. Por lo tanto, no puede verlos. El Espíritu Santo tampoco. Cuando Le entregas algo, Él solo *oye la entrega*, no las palabras ni lo que le dices. El *Curso* dice que lo más cerca de la ilusión que el Padre pudo estar fue en forma de una Voz. Todos tenemos esa Voz en nuestro interior y algún día elegiremos escuchar solo esa Voz, tal como hizo Jesús.

14. EL APRENDIZ IMPECABLE

*Tu único oficio aquí es dedicarte plenamente, y de buena
voluntad, a la negación de todas las manifestaciones de la
culpabilidad. Acusar es no entender. Los felices aprendices de
la Expiación se convierten en los maestros de la inocencia,
la cual es el derecho de todo lo que Dios creó.*

(T.14.V.3:5-7)

La dicha que nos trae vivir en y desde la impecabilidad es incomparable. En ciertas enseñanzas se considera la única manera de vivir que es digna de un guerrero. Y a medida que este sostiene su compromiso de ser impecable, al vivir con la intención de ser congruente con su meta declarada, se convierte en un guerrero impecable. Lo mismo es cierto para los aprendices. Conducir nuestra vida aquí desde el compromiso de ser impecables les añade *un tipo de energía particular* a nuestros actos. Y esto se vuelve tan deseable para el aprendiz que sobrepasa su empeño de querer tener razón y su deseo de ser especial.

Las bendiciones que el Padre extendió a las mentes de Sus Hijos separados siguen vigentes y son para todos. Dios no hace excepciones con Sus bendiciones o con Su Amor. Pero si quieres vivir en la conciencia de esas bendiciones, entonces eliges convertirte en un aprendiz impecable, un aprendiz feliz. Y así tomas todas tus decisiones en función de tu meta declarada. No obstante, ello no te hace merecedor de *más bendiciones,* sino solo del gozo que te brinda saber que eres por siempre poseedor de ellas. Tampoco eres mejor ni más que nadie. De hecho, a medida que avances en el camino, te volverás progresivamente más humilde, en el verdadero sentido de la palabra. La humildad del aprendiz impecable viene acompañada de su conciencia de la Grandeza de la que forma parte.

Si has asumido la meta de la paz, que es la meta del *Curso* y la de este libro, entonces te propondrás tomar toda decisión sobre la base de si te va a traer paz o no. El término *impecabilidad,* tal como lo uso en este contexto —la que se gana—, se refiere a la congruencia que alguien muestra a la hora de tomar decisiones o de actuar en función de la meta que se ha propuesto alcanzar. El término *impecabilidad* del que habla el *Curso* se refiere a la falta de pecado que caracteriza a nuestro verdadero Ser. Ambas son esenciales para el aprendiz, pues reconoce que la impecabilidad con la que aspira vivir lo lleva a darse cuenta de que es, y siempre ha sido, incapaz de pecar. Mi compromiso de ser una aprendiz impecable me ha hecho entender lo que supone ser una aprendiz de la Expiación. Aunque no siempre soy impecable, la impecabilidad que he acumulado me lleva a decir la verdad acerca del error que cometí, procesarlo con el Espíritu y retomar mi compromiso. He comprendido que no hay otra manera de vivir aquí que tenga sentido, o que dé tanta gratificación real, que la de ser una aprendiz que aspira a llegar a ser impecable. Esta manera de vivir le dará un particular destello a tu vida y sostendrá en ti la conciencia de tu valía, la que estableció Dios en el Cielo y la que no puede cambiar.

Ser un aprendiz impecable supone vivir *a propósito,* en el pleno ejercicio de nuestro poder de decisión. Cada acto que nace de esa intención les suministra al propio acto y al aprendiz que lo realiza un toque de luminosidad. Los actos que llevamos a cabo desde la inercia no poseen esa característica. Vivir *a propósito* es glorioso.

El entendimiento de lo que realmente es la impecabilidad en este contexto nace de esos momentos de quietud mental en los que *la continua conversación interna* se detiene. En esos momentos podemos elegir deliberadamente que vamos a conducir nuestra vida por la vía de la impecabilidad. Ser un aprendiz impecable es un *estado de ánimo particular* que un aprendiz asume en su deseo de avanzar en el logro de su meta.

Debo señalar que el compromiso de ser impecable lo tomas con el Espíritu. Cada acto que lleves a cabo desde la impecabilidad se vuelve una ofrenda que Le haces a Él. Sin embargo, el mayor acto de impecabilidad es que todo acto impecable que hayas realizado quede entre tú y Él, pues no lo usarás para *glorificarte* ante los demás o para aumentar tu importancia personal, tu deseo de ser especial. El compromiso de ser impecable es para toda la vida. Cada vez que fallas, solo tienes que reconocerlo, procesarlo y retomarlo una vez más. Quedarte en la culpa o dejar que el ego use tu falta para desmerecer tu empeño es otra falta de impecabilidad. Reconoce de inmediato cuándo has faltado a tu compromiso y no temas decirte a ti mismo la verdad. Recurre al Espíritu y procesa con Él lo que pasó, de esta manera impides que la culpa se apodere de ti. Procesar, en este contexto, significa que le dirás la verdad de lo ocurrido, por ejemplo: que no tan solo te dejaste engañar, sino que quisiste dejarte engañar, y así actuaste a sabiendas de lo que estabas haciendo y ello te quitó la paz.

El Espíritu Santo quiere alumnos felices que estén dispuestos a aceptar la corrección que Él les ofrece cuando ellos la piden. No podemos decir que somos estudiantes del *Curso* y al mismo tiempo andar tristes y acongojados por lo que parece sucedernos. Si amamos estas enseñanzas vamos a tomar las riendas de nuestra mente y rechazar todo pensamiento que vaya en contra de nuestra felicidad, independientemente de si nos parece que dichos pensamientos *son verdad* con respecto a la situación que estamos viviendo. No son verdad si sus resultados nos llevan a perder la conciencia de nuestra paz y dicha.

Algo más con lo que nos vamos a topar a medida que seguimos adelante con el compromiso de ser vigilantes de nuestros pensamientos y de tomar toda decisión en función de la meta declarada es que habrá situaciones en las que decidir a favor de Dios, de la verdad, parecerá ir en contra de nuestros *intereses* tal como los categorizamos aquí en el mundo. De hecho, es muy probable que cuando elijas actuar sobre la base de lo que ya has entendido y de tu meta *pierdas* algo. En muchas ocasiones es casi imposible escapar de la sensación de que estás eligiendo *contra ti mismo.* Obviamente, esto no es cierto, pero se experimentará así en el mundo de la ilusión. El miedo a perder siempre estará presente y, si no mantenemos la vigilancia, la *racionalidad* del ego nos convencerá de que debemos proteger nuestros intereses, pues, de otra manera, saldremos perdiendo. Por eso, suelo decir que este camino es para valientes, pero todos somos valientes, pues somos los Hijos de Dios.

Recuerda que el pensamiento de salvación está en nuestra mente y todos lo vamos a encontrar. Esa es la promesa de Dios. Todos vamos a regresar a nuestra Fuente porque esa es también Su Voluntad. No hay nada que pueda oponerse a Él, que solo nos llama, y a través de Su Voz nos recuerda Su eterno Amor y que nos espera con los Brazos abiertos, como al hijo pródigo, pues el Hijo es Su tesoro. El *Curso* dice que si supiéramos cuánto anhela el Padre que regresemos, no nos retrasaríamos ni un instante más, ni nos entretendríamos con nada que nos impida volver a estar en Su regazo.

Como ya se ha mencionado, la culpa es lo que realmente nos tienta aquí. La primera vez que leí esto en el *Curso*, me paré literalmente en seco, pues nunca me había percatado de ello. Así que me propuse examinar lo que estaba detrás cuando sentía el impulso de hacer algo que sabía que no era lo correcto, y lo constaté. Esto nos resulta increíble, pero es así. La culpa nos atrae y caemos como moscas ante su atracción. Tu compromiso con la impecabilidad se vuelve como un escudo que te protege de la atracción de la culpa, pues el gozo que te brindará ser impecable terminará siendo más atractivo para ti. Pero no podemos bajar la guardia. Tenemos que ver que cada vez que nos sentimos inclinados a hacer algo que no apoya la meta de la paz, es la culpa la que nos está llamando. Hacernos conscientes de esto es un paso gigantesco en nuestro camino. Y nos apoyará en nuestra determinación de ser impecables en todo.

A lo largo de los años que llevo impartiendo seminarios, en los que frecuentemente toco el tema de la impecabilidad, algunas personas me han pedido ejemplos de lo que es ser impecable. Mi respuesta es que un acto impecable es aquel que llevas a cabo sin el deseo de acumular importancia personal, de *engrandecerte,* o de beneficiar la imagen propia de alguna manera. Es callar cuando te asalta el deseo de decir algo que muestra tu *superioridad* sobre otro. Es no atacar, condenar o descalificar a otro cuando el ego insiste en que lo hagas y cuando pareces tener todas las razones del mundo para hacerlo. Es todo acto que, literalmente, va en contra de los dictámenes del ego, y por tanto, en beneficio de tu meta declarada. Es todo acto que sigue la Regla de Oro: que no le haremos a nadie lo que no nos gustaría que nos hicieran a nosotros o a alguien que amamos. Seguir esta regla como norma de comportamiento es vivir con impecabilidad.

Algo que debe quedar claro es que la falsa humildad no es impecabilidad. Pretender ser humilde sigue siendo un acto de importancia personal. Tienes que ser completamente honesto contigo mismo al respecto, pues es muy fácil caer en el engaño. Rebajarte o disminuir tu valor para aparecer como humilde no es digno de ti. En toda situación en la que tienes que apelar a lo justo, sé claro, pero sin imponerte, sin atacar. Di tu verdad sin aspavientos. Sobre todo, intenta siempre mantener tu palabra. La palabra de un aprendiz se vuelve sinónimo de su verdad.

Vivir con la intención de ser un aprendiz impecable da una enorme satisfacción, pues supone querer ser fiel a lo que nos trae felicidad, a lo que nos da paz. Y se vuelve extremadamente deseable, pues es el deseo el que dirige la intención. No podemos vivir aquí sin tener un propósito al que la mente se pueda adscribir. Querer ser feliz es inevitable. Y ser cada vez más y más impecables es lo que nos da esa alegría. Un aprendiz impecable no se defiende, pues sabe que nada lo puede perturbar y que, si se le olvida, el Espíritu se lo recordará amorosamente.

Somos merecedores de todo el esfuerzo que hagamos en beneficio de nosotros mismos. Esto es sencillamente maravilloso. Sí, eres merecedor de tu propio esfuerzo por ser Quien eres, y cuentas con todo el apoyo y la fortaleza del Espíritu. Es mi intención recordar que soy merecedora de mi propio esfuerzo, y así poder llegar a ser una aprendiz impecable. De momento, estoy en ello.

15. LA REALIDAD Y LA ILUSIÓN

La faz de Cristo se ve antes de que al Padre se pueda recordar
pues Este permanece en el olvido hasta que Su Hijo haya
llegado más allá del perdón hasta el Amor de Dios.
El Amor de Cristo, no obstante, se acepta primero.
Y entonces aflora el conocimiento de que Ambos son Uno.
(T.30.V.7:5-8)

Todo aquello tras lo que vas en pos y quieres poseer o adquirir, una vez conseguido te deja insatisfecho. Entonces persigues otra meta, y luego otra, y más tarde otra, pero todas terminan dejándote vacío e insatisfecho. No importa cuántos sueños persigas aquí, ni cuán bellos o distintos parezcan ser unos de otros, son todos lo mismo: ¡nada! Lo ilusorio jamás podrá satisfacerte. Aquí lo único que vale la pena procurarse es la paz. Pero para tenerla completamente, como dice el *Curso*, tiene que ser lo único que desees.

Una de las funciones del Espíritu Santo es la reunificación de nuestra mente. Ahora mismo estamos operando con una mente dividida, que no es la Mente Una que el Padre creó. La Mente Una sigue siendo la Mente de Cristo, pero esta no puede operar directamente en el mundo de la separación, donde creemos que estamos viviendo en cuerpos, pues el cuerpo es la *corroboración de que la separación tuvo lugar*. Es la prueba irrefutable. Pero el cuerpo, al igual que todo lo demás que hemos inventado o fabricado, puede servir al Plan de Dios si se consagra para los propósitos del Espíritu Santo. De otro modo servirá al plan del ego, pues *nació* para dar testimonio de la *realidad* de la separación. Y nada aquí puede trascender su fuente, pero se le puede entregar al Espíritu para que lo use para Sus propósitos.

De hecho, el cuerpo ni nació ni puede morir, pues todo lo que aparentemente *nace y muere* aquí no es real. Lo que llamamos *vida* no es la Vida Eterna de la que nuestro verdadero Ser goza, aunque es su reflejo. Y lo que llamamos *muerte* no tiene realidad, primero porque Dios no la creó, y segundo porque nuestro Ser es eterno como Su Padre y, por ende, inmortal.

Pero mientras estemos en el sueño, en la ilusión, tendremos que tomar decisiones y muchas veces nos encontraremos indecisos, sin saber cómo proceder, pues al preguntar qué hacer nos llega una idea y luego otra completamente distinta. En estos casos, lo mejor es detenernos por un momento y preguntar: «Padre, ¿cómo puedo proceder de manera que lo que decida me traiga paz?». Es muy posible que el temor a perder algo esté presente, o tal vez temas que la respuesta que te llegue no sea la que quieres oír, o que se te pida que renuncies a algo que sabes que te está perjudicando, pero que crees que no lo puedes abandonar. Todo esto hace que la resistencia a preguntar de corazón sea mayor. Sin embargo, hacer la Voluntad de Dios es lo único que garantiza tu paz y felicidad, y esto jamás ha de cambiar. Por tanto, después de preguntar, quédate en silencio y seguro que vendrá a tu mente una manera de proceder en la situación que te preocupa, que asegurará tu paz y dicha.

Si la respuesta viene de Dios, llegará acompañada de paz, que es la característica esencial de todas Sus respuestas. Sabrás que cuentas con la Ayuda que Él nos dio a todos para que puedas hacer lo que se te pide. Recuerda que Él nunca te pedirá algo que sobrepase tu capacidad, así que no temas preguntar con sinceridad.

Como ayuda adicional, el *Curso* nos instruye para que le ofrezcamos nuestros sueños nocturnos al Espíritu Santo, de modo que Él pueda usarlos para Sus propósitos y para tu bien. He corroborado que ofrecerle mis sueños Le ha permitido solventar cosas que, de otro modo, yo hubiese tenido que procesar en mis horas de vigilia. Cuesta formar el hábito, pero una vez comiences a hacerlo comprobarás, por la felicidad que sientes al despertar, que, en efecto, Él utilizó tus sueños en beneficio de tu paz y tu felicidad. Así amainarán los conflictos y las soluciones a problemas que pensabas que no tenían remedio se presentarán milagrosamente en tu conciencia o, sencillamente, quedarán resueltos ¡como por arte de magia! Decídete a ofrecerle al Espíritu Santo tus sueños todas las noches y pronto lo comprobarás. Si te olvidas, recuérdate a ti mismo que ya decidiste ofrecerle tus sueños y que volverás a intentarlo, y así hasta que se vuelva un hábito.

Otra pregunta que algún día tendremos siempre presente, y que nos haremos con respecto a situaciones que requieren una decisión final es: «¿Qué es lo que quiero que resulte de esta situación?». Esta pregunta es aún más directa y, de alguna manera, más *confrontante* que la anterior, pues solo hay una respuesta que está en armonía con tu meta. Pero el ego plantará batalla e intentará que te olvides de hacer la pregunta y, si la has hecho y has tenido un leve vestigio de la respuesta —la única que podría realmente resolver la situación—, te distraerá para que te olvides de que la planteaste y de la respuesta que te llegó y, en cambio, dejes que las cosas *pasen*. De este modo, te engañas a ti mismo, *renuncias* a tu poder y luego te convences de que lo que pasó o ha de pasar no tiene nada que ver contigo. Preguntar de corazón qué queremos que resulte de cualquier situación en la que hay conflictos obvios es un acto de valentía. Primero, porque la única respuesta cuerda es la paz. Segundo, porque la paz es lo que muchos dejamos de lado más fácilmente cuando surge un contratiempo. Dice el *Curso* que uno de los obstáculos para la paz es la rapidez con la que estamos dispuestos a deshacernos de ella. Y todo por miedo. Estamos convencidos de que tenemos que batallar por nuestros intereses, pues de otro modo *el mundo nos come.* El desarrollo de la confianza es intrínseco a alcanzar la maestría de la impecabilidad.

En el Cielo seguimos extendiendo el Reino, función para la que fuimos creados. Aquí, en el sueño tenemos que tomar decisiones concretas, pues *estamos* en un mundo concreto. El Espíritu te dará instrucciones claras y precisas, de manera que tu transcurrir en el mundo de los cuerpos sea grato y feliz. En el sueño solo tenemos tiempo y un cuerpo. Cuando ambas cosas se empleen únicamente en función de tu meta declarada, se podrá decir que eres un aprendiz impecable.

Perdonar es realmente en nuestro beneficio, pero creemos que, al perdonar a otro, de alguna manera *perdemos* y ese otro *gana.* Y a medida que contemplamos la posibilidad de *perdonarlo*, experimentamos una punzada de dolor. Ahí se recrudece la insistencia del ego de que contraataquemos, porque eso es lo que *nos salvará* de ese dolor. Ese dolor no forma parte de nuestro verdadero Ser, sino del falso yo; pero como estamos identificados con ese falso yo, creemos que es *nuestro dolor.* Pero no lo es. Nuestro Ser no puede sufrir. En ese momento de elección, en el que te parece que puedes perder y el otro ganar, es donde se impone la meta que has asumido de perdonarlo todo, no importa qué. Entonces nos llega la ayuda del Espíritu, que nos da la fortaleza necesaria para que no caigamos en el engaño. El aparente dolor desaparecerá cuando le hayas entregado al Espíritu Santo la pequeña dosis de buena voluntad de querer perdonar. No bajes la guardia y mantén la vigilancia de tus pensamientos, porque el ego intentará socavar tu decisión.

Nos parece que el mundo ilusorio que percibimos es la única realidad que existe porque lo *vemos*. Nuestra manera de ver el mundo está determinada, además de por lo que creemos ser, por todo lo que hemos aprendido, por lo que se nos ha enseñado. Por ejemplo: una persona de una cultura completamente diferente a la nuestra puede percibir cosas que nosotros no vemos. De hecho, hace muchos años se hizo un experimento en el que se colocó, en medio de una selva, un aparato electrónico muy avanzado; los nativos pasaban por su lado y, sencillamente, no lo *veían*. No formaba parte de lo que era posible en su percepción habitual. Los expertos en física cuántica sostienen que el mundo que percibimos surge de nuestra mente. El *Curso* afirma lo mismo. Es por eso por lo que aquello que no hayas perdonado volverá a presentarse en tu vida —las llamadas pruebas— pues al estar en tu mente no podrás evitar verlo en el mundo que te rodea. Estas pruebas se repetirán hasta que el dolor sea insoportable, y en ese momento declararás que quieres perdonar. Sentirás que algo se desprende de ti. Ese algo son las cadenas que te mantenían atado a una historia que te llevas contando mucho tiempo, ya sea la de haber sido *traicionado, injustamente tratado,* la de ser víctima de alguien o de algo, o la de haber sufrido una pérdida enorme e irreparable.

Otra aplicación del perdón es cuando nos toca pedirlo. Ante una situación en la que nuestro comportamiento le ha causado dolor a otro, el ego intentará justificarnos por todos los medios e insistirá en que no necesitamos pedir perdón por nada. Recuerdo que una vez, después de una intensa discusión con un ser muy allegado a mí, sabía que para retornar a mi paz tenía que perdonar, pero, sencillamente, no podía. En medio de mi dolor pensaba: «¡Qué fácil me resultaría si él me pidiese perdón!».

A raíz de darme cuenta de esto, pensé que tal vez había personas en mi vida que estaban dolidas por algo que yo había hecho y que, si yo les pidiese perdón, seguro que eso las ayudaría a perdonar. De este modo subsanarían cualquier dolor que pudieran estar sintiendo. Así que decidí tener unos encuentros con dos amigas muy cercanas en los que les preguntaría si había algo que yo hubiese hecho en algún momento que les causó dolor. Pero, antes de eso, me comprometí con el Espíritu a no defenderme de nada que ellas pudieran decir y a solo pedir perdón. ¡Pues menuda promesa hice! Llena de ánimos y valentía me fui de caminata con la primera de ellas. Encontramos un lugar muy bello y tranquilo donde nos sentamos. Ella no sabía cuál era mi intención, aunque sí había algo que quería resolver. Al poco rato, le dije que quería sanar cualquier cosa que yo hubiese hecho en el pasado que le causó dolor y que se sintiera libre de expresarlo, pues eso no alteraría en nada nuestra relación.

Cuando ella comenzó a contarme algo que había pasado unos años atrás y cómo lo había vivido y percibido, ¡no lo podía creer! Mi experiencia de la misma situación era completamente distinta; estuve a punto de comenzar a defenderme y a explicar lo que *realmente había pasado,* pero, como me había comprometido con el Espíritu a solo pedir perdón, me contuve. Ese ha sido uno de los momentos más increíbles en mi camino, pues lo que hice fue pedirle perdón completamente, de todo corazón, por algo que yo sabía que no había hecho. No hay palabras para describir lo que esto supuso en mi vida. ¡Qué importaba que no hubiese pasado como ella lo vivió, si lo percibía de esa forma y eso le causaba dolor! No di ninguna explicación, ni traté de convencerla de que estaba equivocada. El recuerdo que ella tenía de la situación la hizo llorar. Y yo únicamente le pedía perdón. Me sentí acompañada por Jesús... Sabía que Él estaba a mi lado, y fue Su amor lo que me animó a seguir pidiendo perdón hasta que ella dejó de llorar y me abrazó. Nunca le conté mi percepción del asunto.

Hice lo mismo con mi otra amiga y, de nuevo, la percepción que ella tenía de algo que había pasado era diferente de la mía. Otra vez, pedí perdón repetidamente, hasta que ella me abrazó y con una enorme sonrisa me dijo que sí, que todo estaba perdonado. Dice el *Curso* que el Amor de Cristo es lo primero que tenemos que aceptar aquí. Pedir perdón por algo que no hemos hecho o cometido, solo por el deseo de que otro deje de sufrir, nos lleva directamente en esa dirección.

Recordemos que todo perdón es siempre para nosotros, siempre. No hay nada fuera de nosotros. Todo lo que vemos es una imagen que primero estuvo en la mente y luego la vemos fuera. Proyectamos la culpa sobre el mundo, al que juzgamos severamente y culpamos de todo nuestro dolor. En concreto, a algunas de las figuras de nuestro sueño.

Una de las primeras cosas que el *Curso* nos pide es que vigilemos nuestros pensamientos. Pero, aunque esto no es fácil, es absolutamente posible, pues de otro modo no se nos pediría. Hay que querer mantener la vigilancia. En este camino, como ya se ha señalado, lo más importante es querer: querer la paz por encima de todas las cosas, querer perdonarlo todo, no importa qué; querer pasar por alto el error del hermano. Ese *querer* es lo más próximo al ejercicio de nuestra verdadera voluntad, y es lo único que de momento podemos aportar en beneficio de nuestro proceso de liberación.

Como nos dice el *Curso*, solo una voluntad aprisionada podría haber dado lugar al mundo de juicios, condena, ataque, sufrimiento y muerte que percibimos. Y creemos, equivocadamente otra vez, que hay dos voluntades, la de Dios y la nuestra. Eso es literalmente imposible, pues la Voluntad de Dios no pudo crear otra voluntad que pudiese oponerse a Ella y disponer cosas contrarias a lo que la verdadera Voluntad dispone. Tan solo hay una Voluntad y es la que compartimos con Dios. Lo que pensamos que es nuestra voluntad, en realidad es *voluntariedad.* Cuando liberemos nuestra Voluntad, solo la usaremos como la usa Dios, pues es Una y la Misma.

Ahora bien, si pudimos fabricar el mundo que percibimos, podemos igualmente participar en su reinterpretación para poder percibir el mundo real. Aunque este sigue siendo una percepción, es la percepción de un mundo que no se opone a la verdad, que no se opone al Cielo. No podemos percibir el mundo de todos los días y el mundo real al mismo tiempo. Cada uno es un «todo» en sí mismo. El mundo real es algo que no solo podemos, sino que tenemos que alcanzar aquí. Pero para poder lograrlo, primero debemos recobrar la soberanía de nuestra mente, pues ahí está todo.

16. LAS CREACIONES DEL HIJO

*A tus creaciones les corresponde estar en ti del mismo modo
en que a ti te corresponde estar en Dios. Eres parte de Él, tal
como tus hijos son parte de Sus Hijos.
Crear es amar. Tus creaciones han existido siempre,
porque solo puedes crear como Dios crea.*

(T.7.I.3.1:3-8)

Les debemos gratitud a nuestros hermanos porque juntos creamos nuestras creaciones. Nuestras creaciones nos instan a cruzar el puente y llegar al otro lado, donde nos esperan con los brazos abiertos. El Ser que todos somos creó Sus propias creaciones, por lo tanto, nuestro Ser, además de ser el Hijo de Dios, es también Padre.

Después de más de veinticinco años de estar estudiando y enseñando el *Curso*, todavía no entendía a qué se refería exactamente cuando hablaba de *nuestras creaciones*. Había pensado que tal vez podían ser los pensamientos amorosos, benévolos, que en ocasiones albergamos, o el resultado de momentos de santidad compartidos. Pero la verdad es que no lo sabía.

Nada me pudo preparar para lo que sucedió una tarde, mientras me encontraba leyendo el *Curso* y, de repente, oí por primera vez a mis creaciones llamarme... No hay palabras que puedan ni remotamente describir esta experiencia. Las *reconocí, las sentí y las supe*. Esa ha sido una de las experiencias más extraordinarias que he tenido en mi vida. Caí literalmente en éxtasis y, ante esta experiencia, el mundo dejó de existir para mí. Recuerdo que a los pocos minutos me llamó por teléfono Lisbeth P. de Adrianza —una hermana del corazón y coordinadora general de todos mis eventos— e inmediatamente le conté lo que acababa de suceder, el estado en el que me encontraba, la dicha que estaba viviendo. Se lo repetía una y otra vez. Era tal el éxtasis en el que estaba que ella se contagió y entró en el mismo estado que yo. No quería otra cosa que estar con mis creaciones; ese querer se apoderó completamente de mí. Durante varios días no pensaba en otra cosa. Mi corazón se desbordaba de amor, y nada de aquí, ni espiritual ni mundano, me interesaba…, solo quería estar con ellas. Estuve así durante varios días. Luego, con el paso del tiempo, la experiencia entró a formar parte de mi *santo entendimiento,* y la intensidad de lo que viví durante esos días amainó. Pero ahora sé con absoluta certeza que tenemos creaciones, y que todos aquí somos su Padre. Aun más, entendí la razón por la que el *Curso* dice que debemos gratitud a nuestros hermanos, porque juntos somos Padre de ellas.

Sí, es cierto, el Padre compartió con nosotros todos Sus atributos, incluyendo la capacidad de crear nuestras propias creaciones, tal como Él creó la Suya. Es mi deseo que algún día las oigas, pues *algo* en ti las reconocerá y recordarás cuánto las amas y cuán grande es tu anhelo de estar con ellas. En este mundo no hay nada comparable a la atracción que tus creaciones ejercerán sobre ti. Es literalmente una experiencia inefable, indescriptible.

Si necesitábamos un motivo adicional para seguir adelante en nuestro camino y que nos orientara en la dirección de «estar dispuestos a estar dispuestos a perdonar todo, no importa qué», este es válido. Según aumente en ti la conciencia de que tus hermanos forman parte de tu verdadero Ser y de que crearon las creaciones del Hijo junto a ti, tu buena voluntad de querer perdonar se acrecentará. Aceptar la premisa de que en efecto somos un solo Ser resquebraja la creencia en la separación.

Hay que recalcar que la Creación de Dios incluye no solo la creación del Hijo por parte de Dios, sino también las creaciones del Hijo, pero en el estado de separación en el que se encuentra se ha olvidado de ellas. Sin embargo, las recordará y las reclamará como Suyas.

Al final, cada cual contemplará sus propias creaciones y elegirá conservar solo lo bueno, tal como Dios Mismo contempló lo que había creado y vio que era bueno. A partir de ahí, la mente podrá comenzar a contemplar sus propias creaciones con amor por razón del mérito que tienen. Al mismo tiempo, repudiará inevitablemente sus creaciones falsas que, en ausencia de la creencia que las originó, dejarán de existir.

(T.2.VIII.4:3-5)

17. MANTENER LA VIGILANCIA

De nada te serviría el que yo menospreciase el poder de tu pensamiento. Ello se opondría directamente al propósito de este curso. Es mucho más eficaz que te recuerde que no ejerces suficiente vigilancia con respecto a tus pensamientos.

(T.2.VII.1:5-7)

Cuando alguien nos *hace* algo, o se lo *hace* a alguien que amamos, lo primero que surge en la mente es el deseo de venganza, de ataque, de causar daño o dolor a esa persona para que sufra en carne viva *por lo que hizo*.

Esos son los momentos en los que, para la gran mayoría de nosotros, solo con años de esfuerzo y de mantener la vigilancia de nuestros pensamientos, podemos salir victoriosos de la gran batalla interna que se desata entre la parte que se entregó de lleno a la práctica de las enseñanzas del *Curso*, y la mente errada del falso yo que hemos creído ser, que clama venganza para que la otra persona pague por el dolor causado.

Uno de los mayores engaños en el que hemos caído es creer que todos los pensamientos que tenemos son verdaderos pensamientos. Solo los pensamientos que son de Dios o que pensamos con Él son verdaderos. Todos los demás son falsos. Pero como creemos que son verdaderos, no los confrontamos. No creemos tener ese poder y, mucho menos, que podamos rechazarlos y negarles la entrada a nuestra mente.

Pensamientos de todo tipo aflorarán en cada mente fragmentada, de la misma manera en que las ondas televisivas que se desplazan por el aire pueden ser captadas por una antena. No podemos evitarlo, pues están en la mente errada, la cual *compartimos,* por así decirlo, con nuestros hermanos. No es que realmente la podamos compartir en sentido estricto, pues solo se puede compartir lo que es real y de Dios, pero, al estar todos en este sueño, *todos tenemos* las ideas y pensamientos que se producen en él, ya que es un sueño colectivo.

Si quieres servir al Plan de Dios para la salvación de Su Hijo, y si todo comienza en la mente, es de suprema importancia que la propuesta de reclamar la soberanía de la tuya se vuelva una práctica que te tomas en serio. Solo se necesita cierto número de personas cuyas mentes se hayan abierto al milagro para poder cambiar del sueño de muerte al sueño feliz. Esto es así porque este mundo es un mundo de *más y menos:* necesitamos una masa crítica que esté dispuesta a *pensar como piensa Dios* para poder cambiar de sueño.

Aquí todos estamos soñando y el elemento básico de todos los sueños es el miedo. Los pseudopensamientos que surgen en nosotros tienen como propósito apoyar la continuidad del sueño de muerte en el que el ego reina. Los que se apunten a servir en el Plan de Dios harán todo lo que esté a su alcance para darle fin a ese sueño, y así invitarán a Jesús a entrar en sus mentes y morar allí para que pueda ayudarles a mantener la vigilancia.

Sé que he hablado anteriormente de la necesidad de estar vigilantes y de negar la entrada a todo pensamiento que no sea de Dios, pero esto es algo de lo que nos olvidamos tan fácilmente que requiere mucha repetición para que se grabe en nuestra mente. Pensar como normalmente pensamos en esas situaciones en las que nos sentimos agredidos o injustamente tratados en realidad es un hábito, una reacción programada. Ante ese tipo de situación siempre surgen los mismos pensamientos de contraataque, de justificación, de ojo por ojo y diente por diente. Este es el hábito que hay que mirar de frente y decidir romper. Comenzamos a deshacerlo al confrontar y negar la entrada a esos pensamientos no amorosos desde el entendimiento de que no son reales, y al pedir ayuda y clamar por la Expiación. Esta práctica también se puede convertir en un hábito, y eso es lo que queremos. Es un hábito que está en armonía con la Ley del Amor y forma parte del adiestramiento de la mente a la que conduce el estudio del *Curso*.

Aquellos que realmente quieren alcanzar a Dios se convierten en seres mucho más vigilantes de sus pensamientos, pues han comprendido que todo tiene lugar en la mente. Al principio esto requiere esfuerzo porque, como ya se dijo, creemos que todos nuestros pensamientos son reales y que tienen valor porque los hemos pensado. Sin embargo, ningún pensamiento que no sea de Dios tiene significado o valor alguno. Nosotros le otorgamos valor, nos lo creemos y, por supuesto, vivimos sus consecuencias. Luego pensamos que lo que nos pasa está determinado por cosas *externas.*

El ego, en su inquebrantable compromiso de deshacerse de la culpa proyectándola, nos ha engañado hasta tal punto que creemos que podemos escaparnos de lo que le deseamos o le hacemos a otro, cuando, en realidad, es totalmente al revés. El mal que le deseemos a otro regresará a nosotros con la misma intensidad que lo lanzamos. En nuestra falsa identificación creemos ser el ego, y cuando oímos sus gritos, sus alaridos clamando venganza, pensamos que somos nosotros mismos dándonos un buen consejo para «salvarnos» del desaire, para «ganar» y salir victoriosos de la situación. Así, nos damos el permiso de atacar al hermano, de desearle el mal e, incluso, la muerte.

El Espíritu Santo, consciente de que lo que le deseamos a otro retorna a nosotros, nos insta a perdonar, a bendecir, a ver lo bueno y, sobre todo, a dar testimonio de la inocencia del otro. Así hace de nuestro caminar aquí algo grato y feliz.

Es imprescindible que busquemos en nuestro interior todos estos pensamientos que tienen que ver con desearle el mal a otro y se los entreguemos al Espíritu Santo para que Él los cancele, tanto para el otro como para nosotros.

Si ves que tu intención de mantenerte vigilante de tus pensamientos flaquea, llama al Espíritu Santo de inmediato para que te ayude a fortalecer tu propósito. Él mirará más allá de tu flaqueza, a la Expiación, que es la única defensa que tenemos. Es posible que aún no hayas aprendido a emplearla como una defensa, pero eso no importa. Cuando experimentes el resultado de usarla de esta manera, empezarás a invertir en ella..., a verla como algo que tal vez no puedas explicar, pero de lo que ya tienes una experiencia directa.

Si estás en una situación que crees que no puedes superar y los sentimientos de ser víctima de algo o de alguien son tan intensos que hacen imposible que quieras perdonar, detente y dile al Espíritu Santo: «Donde estoy ahora mismo no puedo perdonar. Espíritu Santo, decide a favor de Dios por mí en esta situación».

Al reconocer tu debilidad y pedir al Espíritu Santo que elija a favor de Dios por ti, estás poniendo de manifiesto tu buena voluntad y, al final, eso es lo único que se necesita, pues es lo único que podemos hacer o aportar.

Aunque ya he hablado de los pensamientos que nos producen terror, quiero extenderme más sobre el tema. Cuando surge un pensamiento de terror, si no somos firmes en la vigilancia, nos dominará el miedo y no lo confrontaremos. Nos acobardaremos e intentaremos huir de dicho pensamiento, ya sea moviéndonos de sitio rápidamente o moviendo la cabeza de lado a lado y diciendo: «¡Oh, Dios mío!». Creeremos estar a la merced de una mente que nos trae pensamientos de cosas que nos asustan y que no queremos. Esto sucede porque creemos firmemente que todos nuestros pensamientos son reales. Pero no es así. Solo los que compartimos con Dios lo son.

Nunca te olvides de que no tienes por qué tenerle miedo a ningún pensamiento, por terrible y temeroso que parezca. No te acobardes y lo dejes pasar sin confrontarlo. Niégalo y luego sustitúyelo con un pensamiento sano, por ejemplo: «Dios es Amor y ese pensamiento que tuve no es Su Voluntad ni la mía tampoco».

Todos aquí te necesitamos... y necesitamos que ocupes tu lugar en el Plan de Dios. Grande será tu dicha cuando lo hayas hecho.

18. LA LUZ DEL ENTENDIMIENTO

Solo aquellos que reconocen que no pueden saber nada
a menos que los efectos del entendimiento estén con ellos
pueden realmente aprender. Para lograrlo tienen
que desear la paz, y nada más.

(T.14.XI.13:1-2)

La razón de que todo se pueda pasar por alto, se pueda perdonar, es precisamente el hecho de que todo aquí es temporal, incluyendo tu cuerpo y el de los que te rodean. Tu Ser es inmortal, pero aquello que es el resultado —y la corroboración— de la separación no es inmortal y nunca lo será. Como muy bien nos indica el *Curso,* aquí nada *trasciende su fuente,* y el cuerpo no fue creado por el Amor. Pero... ¡tú sí! El cuerpo te servirá muy bien siempre y cuando lo uses solo para los propósitos del Espíritu Santo, para propósitos amorosos.

Mientras tanto, a medida que sigamos avanzando, iremos entendiendo cada vez más que el perdón es lo que nos va a liberar. El *Curso* dice que amas lo que perdonas, por lo tanto, lo incluyes en tu *conciencia de ser,* pero a aquel que no perdonas le tienes miedo. ¿Por qué le tienes miedo? Porque al culparlo lo atacas, de esa manera esperas un contraataque de su parte y te pones a la defensiva con esa persona. Al percibirla como culpable y mala, te sientes justificado para no amarla. No perdonar a alguien equivale a negarle el amor, a sostener el juicio condenatorio que hemos emitido contra él y que no estamos dispuestos a abandonar.

Recuerda el empeño que tiene el falso yo en tener razón. De manera que abandonar un juicio condenatorio contra alguien equivale a haber *estado equivocado* y el ego no tolera eso. Tenemos que reconocer este mecanismo y pedir ayuda para que despierte en nosotros la buena voluntad de querer abandonar todo juicio que aún mantenemos contra cualquier persona y perdonarla. Todo el amor que le niegas a otro hace que creas que Dios te negará a ti el Suyo, pues nadie puede concebir a Dios de otra manera que como piensa acerca de otro, y de cómo es con otro. Si eres impaciente, creerás que Dios será impaciente contigo. Si juzgas a otro como no merecedor de perdón, no podrás evitar creer que tú tampoco lo mereces.

La manera de comportarnos con otro es el resultado de qué voz escuchamos. Como ya se ha dicho, en nuestra mente hay dos voces: una es la Voz del Espíritu Santo, que la Voluntad de Dios dispuso que tuviéramos; la otra es la voz del ego, que nosotros inventamos para sustituir a la que el Padre nos dio. Si actuamos siguiendo la Voz del Espíritu Santo experimentaremos paz y dicha. Pero mientras obedezcamos la voz del ego, las consecuencias serán siempre culpa, miedo, desesperación y dolor. Recuerda que la voz del ego es la que juzga, la que te insta a condenar, a atacar, a separarte, a compararte con otros, a descalificar, a justificar tu postura condenatoria y de separación, a negar tu amor. El *Curso* asegura que *es la que siempre habla primero*. Por el Amor de Dios, ¡no le hagas caso!

Cuando estés en una encrucijada de la que no parece que puedas escapar, clama por el Espíritu Santo. Él es el puente entre Dios y Su Creación: el punto de encuentro entre Padre e

Hijo. Yo lo veo como la intención del Padre para que el Hijo tuviese una manera infalible de *regresar* de vuelta a Él, porque Él nunca ha estado dispuesto a estar sin Su Hijo. Pero, si quieres estar consciente del Espíritu Santo en ti, búscalo en tus hermanos. Cuando te acuerdes de esto mientras hablas con alguien, emplea tu intención y anímate a buscar en la persona que tienes delante, no importa quién sea, al Espíritu Santo. Te aseguro que vivirás experiencias extraordinarias con esta práctica. Al conceder que otro también tiene al Espíritu Santo en él, tácitamente estás declarando tu unidad con él y reafirmando que también está en ti.

Dios no creó el mundo de desamor y ataque que percibimos. Esa fue nuestra fabricación, aunque pensemos que no tenemos nada que ver con ese mundo. Pero sí tenemos algo que ver con él, ¡y mucho! ¿Vemos ataque, violencia? Pregúntate honestamente cuántas veces has empleado el ataque o la violencia para resolver un asunto. Tal vez no *actuaste* o manifestaste esos sentimientos, pero los pensaste. Y, como afirma el Curso, todo pensamiento produce forma en algún nivel. Cada vez que atacamos, estamos reforzando la creencia de que el ataque funciona y que es la respuesta apropiada ante cualquier situación que se perciba como una amenaza. Luego nos preguntamos por qué hay tanta violencia en el mundo...

Sin embargo, ahora mismo, en este mismo instante, todos estamos en la Mente de Dios, donde solo hay paz, donde no hay conflicto. *Dios es un hecho*, dice el *Curso*. Dios es la Vida Misma. Dios es Bueno, Dios es Hermoso y Dios es Santo... ¡Esa es nuestra verdad! ¡Eso es lo que realmente somos!

Si crees que alguien te hizo *daño,* o hizo algo que Dios no hubiese hecho, no vayas a buscar *justicia* por tu cuenta. La única Justicia es la de Dios, que siempre apostará por la inocencia de todos que está detrás de la ilusión.

En cambio, ve al Espíritu Santo y dile: «Ahora mismo estoy furiosa/o con tal persona, pero no quiero estar en esta condición, porque me quita la paz y no me hace feliz. Ayúdame a ver esto con otros ojos».

Luego espera unos segundos hasta que Su ayuda llegue en forma de pensamientos correctivos, que te permitirán cambiar de parecer con respecto a la situación y a la persona o personas involucradas en la misma, y dejarán que la compasión se haga en ti. El Espíritu Santo reinterpretará la situación desde Su Juicio, y entonces dejará de ser una fuente de angustia y dolor para ti.

¡Por el Amor de Dios, no cedas ante la tentación de la venganza o de hacerle daño a alguien! No intentes desquitarte. Sentirás la tentación de escuchar esa voz estridente que clama venganza, pero recuerda que siempre puedes decirle «No», independientemente de lo que le oigas decir o de cuánta razón parezca tener. Y aunque te quiera hacer creer que eres tú diciéndotelo a ti mismo, no le creas. Tienes el poder de Dios y puedes elegir no hacerle caso al ego, tal como Jesús no le prestó oídos cuando quiso tentarlo en el desierto. Todos tenemos esa autoridad porque todos somos Hijos de Dios.

A Dios se tiene que ir de buena voluntad. Tenemos que darle el «Sí», ya que, aun con todo Su Poder, no nos exige u obliga a que vayamos a Él porque eso violaría la libertad en la que fuimos creados. Tiene que nacer de nosotros. Él esperará, y Su paciencia es infinita. Pero mientras demoremos nuestro retorno a Casa, estaremos en el sueño de muerte, sufriendo innecesariamente.

Conviene señalar que el dolor no es necesario para llegar a Dios, pero sí es el resultado inevitable cuando tomamos decisiones erradas. También es lo que nos impulsa a buscar la Respuesta, pues el dolor es algo ajeno a nuestro Ser, por lo que nos resulta intolerable. En ese sentido, podemos decir que el dolor es un maestro. Pero que quede claro que no fue parte de la creación del Hijo que Él tuviese que *caer* para aprender algo o evolucionar. Cuando fuimos creados se nos dio TODO, y se nos dio de una vez. Pero cuando el Hijo *cayó* al creer que estaba separado de Su Padre, Este puso en Su mente la llamada al júbilo para que fuese imposible no buscar la felicidad. Esta solo se encuentra en Él, pero, antes de darnos cuenta de esto, buscaremos en miles de lugares y docenas de caminos hasta que el dolor llegue a un límite que no podamos tolerar; en ese momento, clamaremos a nuestro Padre que nos ayude y Él lo hará amorosamente.

Ahora bien, debe quedar claro que en el proceso de dejar atrás aquellas cosas que no nos sirven, que no son congruentes con la meta que nos hemos propuesto, es imposible no sentir dolor. Este es como el dolor que se experimentaría en el proceso de sacar un objeto punzante del cuerpo. A medida que avanzamos en el camino de la liberación, dejaremos atrás cosas que se han vuelto impedimentos a nuestra paz, a nuestra dicha, al logro de nuestra meta, y ahora la paz y la dicha son más valiosas para nosotros que lo que pensábamos que nos iba a aportar algún placer. Habrá otras cosas que, a medida que avanzamos, un buen día nos daremos cuenta de que ya no están en nuestra vida. Cuando esto pasa es glorioso y reafirma la belleza del camino que hemos elegido recorrer.

Aquí nadie ha completado su proceso, pues mientras tengamos un cuerpo, la idea de la separación está presente en la mente y todavía hay cosas que procesar. Y esto nos mantiene humildes a todos. Ciertamente, hay personas que están más avanzadas que otras y que usan su cuerpo principalmente para los propósitos de Dios, pero incluso ellas se equivocan y caen en el error. Pero ya no se castigan por haber caído, sino que se levantan de inmediato, reconocen el error, se perdonan y retoman su compromiso. Para la gran mayoría de nosotros es necesario mirar de frente todo lo que aún tenemos que procesar, y eso solo lo podemos hacer con el Espíritu.

Una vez que hayas decidido decirle al Padre la verdad de lo que sea que te esté quitando la paz, hazlo con el corazón. Por vergonzoso o terrible que pueda parecerte, recuerda que Él nunca te juzgará, condenará o castigará, así que no temas decirle todo. El ego, no obstante, hará todo lo posible para impedírtelo. No te dejes engañar. Ocultar algo es lo que te quita la paz, pues lo ocultas porque crees que es un pecado, o porque mancillaría la imagen de ti que con tanto celo has fabricado y quieres proteger. Si no estás en paz, hay algo que reconocer, admitir y procesar. En estas situaciones es cuando has de recordar tu declaración de que quieres la paz por encima de todo.

Si sigues preocupado por una situación que ya le entregaste al Espíritu Santo para que la resolviese por ti, recuerda que solo se Le entrega algo una vez. A continuación, cuando la preocupación te asalte, tienes que declarar que ya pusiste esa situación en Manos del Espíritu, y que Su promesa es que resolverá todo lo que se Le entregue. De este modo acallas al ego. Pero si la preocupación persiste y sabes que lo que tienes que hacer ahora es sostener la fe de que todo se resolverá, detente un momento y di:

«Padre, donde estoy, mi fe aún se tambalea. Tengo fe por unos minutos y luego la pierdo. Padre amado, Te entrego esta inconsistencia. Elijo sostener la fe en que la situación ya está resuelta».

De esta manera, poco a poco, comienzas a desarrollar tu fe en el Espíritu. Aunque al principio sea tan pequeño como un grano de mostaza, crecerá a medida que veas los resultados extraordinarios que se derivan de entregárselo todo.

Dice el *Curso* que si no fuese porque nos repite tantas veces que somos el Hijo de Dios, que nada ha alterado ni mancillado nuestra verdad, que seguimos siendo inocentes, sería prácticamente imposible llegar a recordar Quién somos. Lo que somos jamás estará en entredicho, pero el falso yo siempre lo estará, y experimentaremos sentimientos de falta de valía mientras sigamos identificándonos con él, además de ambivalencia en todos los aspectos de nuestra vida. No hay manera de aumentar nuestra autoestima valiéndonos de las cosas de este mundo. El falso yo nunca la tendrá y nuestro verdadero Yo no tiene problemas de autoestima. Solo le preocupa al falso yo. Si quieres conocer tu valía, dales valía a todos los que están en tu vida. Ve el Espíritu Santo en ellos, ve al Cristo y ayuda a todos los que vienen a ti en busca de consuelo, de amor y aprecio. Así podrás experimentar la verdadera autoestima, que no tiene nada que ver con lo que aquí pensamos que es. La verdadera autoestima es realmente la inmensa gratitud que sientes por haber sido de ayuda para otro. Ninguna posesión, amor o reconocimiento humano te la puede dar.

El Espíritu Santo nos pide que elijamos vivir aquí con la intención de demostrar que no somos un ego, y que no le mostremos a nadie que nos ha herido o hecho daño. Esto se convierte en un propósito de vida que asumimos los que hemos adquirido el compromiso de querer ser aprendices impecables. Seguramente nos tomará toda una vida llegar a sostener este compromiso a tiempo completo. Eso no importa. No hay mejor uso del tiempo que emplearlo para los propósitos de Dios.

Otra cosa que se nos pide es que saquemos de nuestro corazón todo vestigio de odio, rencor y envidia. Podemos hacer esto pidiéndole al Espíritu que nos acompañe durante esos momentos que elegimos dedicarle a Dios, en los que estamos dispuestos a sanar todo completamente. El Espíritu Santo estará contigo, apoyándote y, con la luz del entendimiento que Él aporta, podrás traer a la superficie de tu conciencia todos los fragmentos de odio, rencor y envidia que encuentres en tu interior. Una vez los hayas traído a la superficie, revísalos con Él a tu lado, para que veas tanto su insubstancialidad como que no tienen fundamento alguno, y que no forman parte de ti. Entonces Él se encargará de limpiarlos de tu santa mente. Queremos hacer esto, pues de otro modo estaremos culpando de nuestro sufrimiento a nuestros padres, a la pareja, a las circunstancias de nuestra vida, y principalmente a Dios.

El Espíritu Santo esperará pacientemente hasta que cada uno de nosotros elija tomar todas las decisiones a favor de Dios, Quien Le encomendó restablecer la unidad de nuestra mente, olvidar lo que nunca fue real y traer a nuestra conciencia el recuerdo de nuestro Creador y de Quién somos. Esto se hará porque así lo dispone Dios. Todos los seres que estamos aquí, los que ya no están y los que aún han de venir, todos vamos a volver a Dios. ¡Ni uno solo se perderá! Esa es la Santa Justicia de nuestro Padre.

Cada vez que has tenido un pensamiento de amor, cada vez que has pasado por alto el error de un hermano, cada vez que has estado dispuesto a perdonar a otro, y cada vez que has estado dispuesto a callar en vez de condenar o hablar mal de alguien, el Espíritu Santo salvaguarda cada uno de esos momentos. Y el mundo real se compone de esos instantes. De todo lo que hemos fabricado, el mundo real es lo único que el Espíritu Santo conservará para nosotros. El *Curso* afirma que el mundo real ciertamente se puede percibir, pero eso requiere que estemos dispuesto a no percibir nada más.

La justicia, no obstante, no puede castigar a aquellos que, aunque claman por castigo, tienen un Juez que sabe que en realidad son completamente inocentes.

(T.25.VIII:8.1)

19. SOMOS LOS SOBERANOS DE NUESTRA MENTE

Son muy pocos los que aprecian el verdadero poder de la mente y nadie permanece totalmente consciente de él todo el tiempo. No obstante, si esperas librarte del miedo hay algunas cosas que debes comprender y comprender plenamente. La mente es muy poderosa y jamás pierde su fuerza creadora. Nunca duerme. Está creando continuamente.

(T.2.VI.9:3-7)

A la mente le encanta divagar y no le gusta nada que nos mantengamos atentos a los pensamientos que se presentan y, mucho menos, que queramos recobrar la soberanía que, como Hijos de Dios, tenemos sobre ella. El *Curso* dice de sí mismo que es un entrenamiento mental y, en efecto, así es. Parte del entrenamiento consiste en que nos demos cuenta de la inercia en la que se encuentra nuestra mente, y de que esta inercia tan solo se puede cambiar con un acto deliberado de toma de conciencia, de decisión, en el que reclamamos nuestra soberanía sin titubeos. Esto es un momento de iluminación.

Mantener la vigilancia de todos los pensamientos que se presentan y negarles la entrada a los que no son de Dios es *la tarea* a la que todos nos tenemos que dedicar si, en efecto, queremos participar en el plan de darle fin al sueño de muerte y sustituirlo por el sueño feliz. Sin embargo, existe una enorme resistencia a hacer esto, pues la mente quiere seguir divagando y que no se la controle en absoluto. Estamos tan habituados a ese divagar que nos parece completamente normal. El *Curso* afirma que *todo pensamiento produce forma en algún nivel.* Por eso somos responsables de lo que vemos y de todo lo que está sucediendo en lo que parece ser *ahí fuera.*

Es cierto que mantener la vigilancia de la que hablamos no es fácil. Solo el aprendiz impecable, que ha alcanzado un alto grado de eficiencia a este respecto, puede ver más allá del aparente *aburrimiento* que supone mantener continuamente esa vigilancia, además de negarle la entrada a todo pensamiento que reconoce que no es de Dios. Aunque esta práctica es esencial para los que han decidido estar al servicio de Cristo, no es algo que, en apariencia, nos proporcione una notable recompensa inmediata. Ciertamente, traerá recompensas, pero puede que no sean instantáneas como sucede con otras cosas que hacemos en función de la meta asumida. Tú mismo tienes que sostener el compromiso de mantener la vigilancia, y lo haces porque has entendido que es la manera de dejar de apoyar el mundo tal como lo percibes.

Esta vigilancia se extiende también a todo lo que percibimos aquí que sabemos que no es amoroso. Todo aquello que puedas ver en la televisión, leer en periódicos o revistas, cosas que ocurren en tu vivir diario, memorias de sucesos dolorosos o situaciones que te provocaron vergüenza, así como comentarios que puedas oír, en fin, todo lo que no sea amoroso se le entrega inmediatamente a la Expiación. Al hacerlo, acallas el juicio condenatorio que suele surgir de inmediato contra lo que has percibido y reconoces que no es de Dios. Esto no es resistirte a lo que esté pasando. Es procesarlo con el Espíritu, Quien lo reinterpretará a la luz de Su santo Juicio.

Existe una gran diferencia entre negarle la entrada a cualquier pensamiento que no sea de Dios y rechazar cosas de aquí por haberlas juzgado como malas o no deseables. Pues las rechazas y te resistes a ellas porque crees que son verdad, y creer que son verdad es lo que las sostiene aquí, en el sueño. Si las vieras como ilusiones no las juzgarías en absoluto, y entonces no habría necesidad de resistirte a ellas y no apoyarías su manifestación aquí. Un dicho que repito en muchos de mis seminarios es que «aquello a lo que te resistes, persiste». Pero negar lo que no es de Dios no es resistirse a ello, sino más bien negar que sea real. EL *Curso* afirma que ese es el uso correcto de la negación. Es el reclamo de tu soberanía y del poder de decisión que posees. Recuerda que el hecho de que creamos que algo es real es lo que a continuación hace que se manifieste en el mundo que percibimos.

Entregar toda percepción no amorosa a la Expiación equivale a dejar de sostener o apoyar en tu mente el mundo ilusorio. Hacer esto de forma consistente es algo que solo pueden hacer los que ya están comprometidos al servicio de Cristo. Su recompensa inmediata será la satisfacción que brinda haber obedecido.

Todo comienza en la mente y todo se resolverá también en ella. En la condición en la que nos encontramos, la gran mayoría de nosotros no tiene soberanía sobre su mente, que va a su aire. Pero sigue siendo el instrumento con el que el Espíritu *trabaja* y con el que tú tendrás que trabajar también. Eres el soberano de tu mente y la chispa que aún reside en la mente en la que opera el personaje es la que decide reclamar su soberanía. Y en ese instante te reconoces a ti mismo. Te *sabes.* Esto es comparable a lo que se llama un momento de pura lucidez aquí en el sueño. Tiene lugar en la mente. La mente es todo, pues el Ser que es nuestra Fuente es pura Mente.

20. EL RESIDUO BENDITO

En el Cielo no hay culpabilidad porque el Reino se
alcanza por medio de la Expiación, la cual te libera para
que puedas crear. La palabra «crear» es apropiada
en este contexto porque una vez que el Espíritu Santo
deshace lo que tú has hecho, se restaura el residuo
bendito y, por consiguiente, este continúa creando.

(T.5.V.2:1-2)

El ego nos quiere convencer de que somos malos y nos echa en cara: «¡Mira lo que has hecho!», refiriéndose al error original, del que ya nos sentimos culpables, aunque se corrigió de inmediato. El ego solo refuerza la culpa que ya está en nuestra mente. Y cada uno de nosotros, como un niño solo y asustado, creyendo haber cometido una terrible falta, se encoge. El ego nos recuerda, una y otra vez, el terrible castigo que nos espera. Para ganar la fidelidad y alianza del niño, le ofrece «su protección y compañía». Y la pobre criatura, inocentemente, se lo cree y lo acepta. Luego vive en el calvario que es su vida aquí, en el sueño. Pero el niño no se cree completamente lo que esa voz áspera y desabrida le repite y le promete. El ego se da cuenta de esto y teme por su continuidad, pues sabe que si el niño reconociese Su verdadera identidad, lo dejaría a un lado de inmediato y regresaría a Su Padre.

El Espíritu está en Su mente recta y el niño sigue teniendo el poder que, por ser Hijo de un Padre Todopoderoso, posee. A esto es a lo que apela el Espíritu, al recordarle dulcemente que sigue siendo tal como fue creado, que puede usar Su poder de decisión y elegir seguirlo a Él. La atracción de Dios es más fuerte que la del ego, pues el Amor siempre se sentirá atraído por el Amor. Y el Hijo, al igual que Su Padre, es Amor.

El Espíritu sabe que, finalmente, la criatura retornará a Su eterna verdad; aunque, mientras tanto, sufre innecesariamente. Así que Él esperará hasta que el niño se dé cuenta de que está soñando, teniendo una pesadilla, un sueño de ataque y venganza, completamente ajeno a Su verdadera naturaleza. El niño no puede despertar a la Realidad desde ese sueño, pero puede soñar otro tipo de sueño, el feliz. Y solo desde este sueño puede, entonces, despertar.

Es necesario recalcar que no somos dos seres, uno diabólico y otro angelical. No obstante, el falso yo no puede sino experimentarse a sí mismo de esa manera; y nuestro Yo, al estar identificado con el yo, se confunde y cree que es un ser dividido en dos bandos que son diametralmente opuestos y que están en una continua batalla. Sin embargo, es una pseudobatalla, en el sentido de que solo un bando es real y el otro no existe. Esta es la batalla que se libra aquí debido a que creemos ser lo que no somos, aunque esta creencia no afecta en absoluto a nuestra realidad.

Ahora bien, aunque no existe tal batalla, aquí en el sueño no podemos sino experimentar que la hay. Al principio, pues, cuesta esfuerzo aplicar las enseñanzas que nos presenta el *Curso*. Y lo mismo se podría decir de las enseñanzas de otras corrientes y caminos que también apuntan al despertar. El esfuerzo se debe a la inercia en la que se encuentra nuestra mente, así como a la marcada tendencia a postergar que padecemos y en la que somos expertos, como nos dice el *Curso*. Y es cierto. La gran mayoría de nosotros necesitamos una situación dura, como una enfermedad seria o una tragedia, para que nos sacuda y nos saque de la inercia y de la postergación en la que vivimos.

Hay una frase en el *Curso* que dice algo más o menos así: «¿No te parte el corazón ver la condición del mundo?». Si miramos de cerca lo que aquí se vive, ciertamente nos parte el corazón. Obviamente, nos dice esto para animarnos a tomar la decisión de hacer todo lo que esté a nuestro alcance para dar fin al sueño de dolor y volcarnos en el logro del sueño feliz, entregando todo lo que nos hiere y avergüenza al Espíritu Santo, y a la Expiación todo pensamiento y percepción que no sea de Dios.

Incluso si todo lo que el *Curso* postula no fuese verdad, si Dios no existiera, si el Espíritu Santo no estuviera guiando nuestros pasos y deshaciendo el error y la culpa; si perdonar no nos llevase a ninguna parte, si no fuésemos más que el cuerpo y el personaje que creemos ser, ¿qué importa, si seguir Sus directrices nos lleva a la dicha y a la paz? Si al final no hubiera nada, aun así yo seguiría recorriendo este camino solo por la felicidad que me produce. En última instancia, lo único que puede validar si en efecto hemos alcanzado algo aquí es cuán felices somos y cuánto hemos contribuido a la felicidad de otros. No existe otro baremo que pueda ratificar nuestro éxito aquí salvo el de ser felices. Perdonar es el camino a la dicha y la paz que buscamos. Ni siquiera es posible hablar de estar en el *ahora* mientras tengamos rencores, pues eso indica que parte de nuestra *conciencia de ser* aún está en el pasado, donde *tuvo lugar* lo que provocó el rencor. El falso yo vive en el pasado.

De hecho, el cuerpo ni siquiera existe en el ahora. Lo estamos *recreando* continuamente, pero, en el sólido bloque de percepción en el que estamos, no hay una brecha o abertura que nos permita darnos cuenta de que el cuerpo no es un continuo, sino que está siendo *recreado* a cada instante.

Negar que haya un aspecto no amoroso en el falso yo sería absurdo, ya que el mundo que percibimos es su fabricación y es obvio que aquí está operando algo que no es Amor. Pero la mentalidad errada del falso yo, del personaje, la que escucha y obedece los dictados del ego, no tiene existencia real. Solo lo que *heredamos* del Hijo de Dios durmiente es real en nosotros, pues Él lo heredó de Cristo, que a Su vez lo heredó de Su Padre. Por tanto, somos solo eso y nada más.

Sanar nuestra mente no solo de la creencia en la separación, sino de la falsa identificación, es la base del despertar del sueño. En este contexto, el uso de la palabra *despertar* se refiere a despertar al hecho de que estamos durmiendo y teniendo un sueño de ataque y venganza, pero que igualmente podemos soñar otro sueño, el feliz. ¿Cómo podemos soñar ese sueño feliz? Para comenzar, podemos *pensar* dulcemente acerca de nuestro hermano inocente, viéndolo en la luz, sano, a salvo, feliz, libre de cualquier cosa que pueda mancillar su eterna pureza e inocencia. Aquí, en el sueño, nuestro pensar es nuestro soñar, es decir, lo que pensamos es el sueño al que a continuación damos lugar. Si quieres alcanzar el sueño feliz, es menester que *sueñes* a otros con amor, *pensándolos* dulcemente, viéndolos en su verdad y deseándoles el bien.

Puedes elegir *pensar* así acerca de todas las personas de tu vida y, de este modo estarás utilizando tu instrumento *creador,* la mente, a favor de los propósitos del Espíritu. Lo bueno que veas y le desees a tu hermano, lo verás en ti y lo tendrás en tu vida. Pero, sobre todo, estarás *soñando* el sueño feliz, que a fin de cuentas es donde tenemos que llegar antes de que podamos despertar completamente y el Padre pueda dar el último paso y llevarnos Consigo de vuelta al Reino que compartimos con Él.

El énfasis que pone el *Curso* en el perdón se debe a que es el medio de la Expiación y es intrínseco al logro del sueño feliz. Sin el perdón, la mente estará llena de juicios y de rencores, y esta condición no facilita que puedas *soñar* a ciertas personas con amor. No se pueden hacer excepciones con el perdón. Si excluyes a una sola persona de tu perdón, es a ti mismo a quien estás excluyendo.

El perdón es la única ilusión mediante la cual podemos llegar a reconocer nuestro verdadero Ser. Por eso se dice que el perdón es lo único que libera y lo que permite que la chispa pueda reconocerse a sí misma. El perdón *carcome* la idea de separación, y aunque no podamos realmente perdonar por las razones antes expuestas, que *algo* en nosotros quiera hacerlo abre una grieta que permite entrar al milagro. Y ahí ese *algo* se reconoce a Sí Mismo. Pero, sobre todo, se *sabe* inmortal.

He observado que siempre estamos ocultándonos, principalmente de Dios, pero aquí, en el sueño, también nos ocultamos de otra cosa, de algo a lo que le tenemos terror, aunque no seamos conscientes de ello: no hemos asumido que a todo lo temporal le llegará su fin, incluyendo nuestro cuerpo y el de los que nos rodean. Mientras sigas identificado con el cuerpo, creerás que cuando este *muera,* tú mueres. Como dice el Curso, *de lo que creemos ni Dios Mismo puede salvarnos.* No es que lo que realmente eres pueda morir, pero tú creerás que *te mueres* al creer que eres el cuerpo. Ahora bien, ese tú que crees ser, el que se identifica con el cuerpo, jamás *vivió* realmente, así que su muerte tampoco es real. La Vida no puede morir. Dios no puede salvarnos de creer que somos el cuerpo y de que al morir este, nosotros morimos, pero sí nos salva de las ilusiones que tenemos acerca de nosotros mismos, pues creamos lo que creamos, el Ser que somos jamás morirá.

Por eso la insistencia del *Curso* en que declaremos, una y otra vez, que no somos un cuerpo, sino solo espíritu, sin bordes ni nada que nos limite en modo alguno, y donde la muerte no existe ni tiene sentido. No obstante, es oportuno señalar que lo que aquí llamamos vida no es la verdadera Vida. Dios es la Vida Misma, que no tiene opuestos. Lo que aquí parece ser opuesto a la vida —la muerte— tampoco existe. Sin embargo, el temor a la muerte rige nuestra vida. La más mínima queja o *fruncimiento del ceño* refleja el miedo a la muerte, dice el *Curso*. Sin embargo, solo lo que no es eterno en nosotros puede sentir miedo de la muerte.

Tu vida tiene lugar más allá del cuerpo y del mundo —es una cita textual del *Curso*—, pero creemos estar aquí, dentro de un cuerpo con el que nos hemos identificado. Por lo tanto Dios, en Su eterna Misericordia, nos promete que cuando la utilidad del cuerpo haya concluido, *se nos dará algo mejor*. No ofrece explicaciones sobre qué puede ser eso, pero a mí me basta con que me diga que al final, cuando *me vaya* de aquí, me espera algo mejor.

Hay muchas corrientes espirituales. De hecho, hay un supermercado de ellas. Unas dicen unas cosas y otras contradicen lo que las primeras afirman, por lo que es comprensible que muchos buscadores estén tan confusos. Es menester que el buscador emplee su santa razón y discernimiento. Si Dios es Puro Amor, Su Hijo no puede sino ser Puro Amor también. Si Dios es eterno, Su Hijo no puede sino ser eterno también. Aun si este duerme, Su santo Ser continúa siendo perfecto e inocente. Su sueño no puede alterar esto en modo alguno.

Solo hemos perdido de vista la inocencia, pues es imposible perder algo que nos fue dado por Dios o que formó parte de la

Creación. Andamos buscando nuestra inocencia, creyendo que la perdimos. Esto, por supuesto, es imposible. Pero al haberla perdido de vista, ahora solo la podemos encontrar en el otro. El *Curso* propone un tipo de búsqueda que emplea un mecanismo que ya hemos *aprendido*, pero lo usa a favor de Dios. Hemos aprendido a proyectar, y concretamente a proyectar culpa. Así que ahora podemos aprender a *proyectar* inocencia y verla en los demás. Entonces no solo la recobrarás en tu conciencia, sino que, al final, te darás cuenta de que nunca la perdiste.

Cada vez que me acuerdo de que el error original fue solo una equivocación inocente, experimento una dicha que no tiene comparación y toco una vez más la eterna inocencia que es nuestra, y de la que participo. Como ya he mencionado, lo que es verdad es compartido por todos. Es justo esto lo que hace que no podamos excluirnos de la bendición que reposa eternamente sobre todos nosotros.

Al final, he entendido que la Gracia de Dios es lo que nos salva. Pero el *Curso* afirma que estamos en un estado de Gracia perpetua. Mi amigo Robert Olson compartió una metáfora que hacía referencia a esto en un seminario que impartí en Puerto Rico hace varios años. Se refirió a algo que había leído de Ramana Maharshi que decía que «la Gracia es como el viento: siempre está soplando». Me pareció excelente. Todos nuestros esfuerzos aquí para liberarnos no hacen sino alzar las velas de nuestra embarcación, para dejar que las brisas de la Gracia nos lleven por el camino del corazón. Todo es muy sencillo. Podemos pensar y actuar desde el Amor, ponernos en los zapatos de otro en vez de no quererle oír, de no querer escuchar su comunicación. Ni siquiera es necesario saber leer para recorrer el Camino del Amor, pues siempre podemos ponernos del lado del Amor con respecto a toda decisión que tengamos ante nosotros.

El *Curso* afirma que en este mundo tienes que ponerte de un lado o de otro, pues al ser la manifestación de la separación, de la dualidad, no puedes elegir quedarte en el medio. Así que, o bien estás con el Espíritu o bien estás con el ego; con el Amor o con el miedo. No existe un punto medio en el que puedas estar.

Bendecir y hacer lo bueno, lo hermoso y lo santo es la manera de ser feliz aquí, pues es lo que hace feliz. Tu deseo de ser de ayuda y de apoyar que otros brillen demuestra que has entendido que todos tenemos una función que desempeñar aquí, algo que acordamos hacer y que es para beneficio de todo lo viviente. Tu felicidad es cumplir con tu cometido. No obstante, los que no cumplen con el suyo no pierden la oportunidad de hacerlo en cualquier momento que elijan. Los que eligen no cumplirlo en absoluto también se liberarán, pues serán llevados al sueño feliz cuando se logre la masa crítica de aquellos que han comprendido la realidad del milagro. Los que cumplen su cometido antes tienen el beneficio añadido de saber que son benditos eternamente y, por lo tanto *pueden contar sus bendiciones,* las cosas buenas y hermosas que tienen en su vida.

La Gracia de Dios es como el aire que nos rodea, solo necesitamos alzar *las velas de nuestra vida* para que las brisas de la Gracia impulsen nuestro navegar. Una persona puede entender algo de manera extraordinaria con solo oírlo o leerlo una vez. Llamo a eso Gracia.

El aprendiz impecable es consciente de que la primera reacción ante cualquier cosa *externa* que se perciba como un ataque o amenaza es atacar. Sin embargo, el aprendiz impecable se ha ganado una milésima de tiempo adicional que le permite saltarse esa reacción y elegir actuar desde el amor, desde su impecabilidad. Así cumple con el cometido de ser un aprendiz feliz e impecable.

Aunque he dicho que esa primera reacción ante algo que percibimos como desagradable es atacar, casi todo el mundo lo considera más bien un contraataque en *defensa propia*. Y así queda justificado. Mantén vigilancia con respecto a esto y no te dejes engañar. *El ataque* —como asevera el *Curso*— *jamás está justificado.*

Si somos Uno, ¿a qué parte de ese Uno podemos atacar sin que nos duela? Es increíble, pero, al final, basta con que seamos amorosos, inofensivos y serviciales para ser felices aquí en el sueño. Así contribuimos a acabar con el sueño de infelicidad y a la llegada del sueño feliz. Aquí todo es parte de mí, tal como yo soy parte de todo. Estoy segura de que muchas personas han tenido la experiencia de esta Unicidad. Esos momentos comienzan a calar y a echar raíces en nuestra mente, que al estar cada vez más purificada, produce una percepción sana en la que no hay razones para atacar ni para defendernos.

Todo ataque es un acto de venganza. El maestro de Dios, consciente de esto, asume el compromiso de no atacar por ninguna razón. Este compromiso comprende no hacer daño y solo ser de ayuda. A medida que tu *conciencia de ser* se vaya expandiendo aquí, en el sueño, incluirás cada vez más cosas dentro de ella. Tu impulso natural será querer proteger todo. Todos poseemos este impulso. Una de las cosas que más me tocan el corazón, y renuevan mi fe en lo bueno que hay en todos nosotros, son los actos completamente heroicos que, en un momento de peligro, una persona lleva a cabo en beneficio de otra, sin estar motivada por intereses personales e incluso poniendo en riesgo su vida. Estos actos son una expresión de ese impulso natural que todos poseemos. Tocan el corazón de todo el mundo.

Nuestra tarea es perdonar todo, no importa lo que sea. En esto no puede haber excepciones. El Espíritu sabe que triunfaremos, pues confía plenamente en nosotros al ser consciente de que la pequeña chispa siempre elegirá a favor de lo que es de Dios. La chispa es tan pura como la Luz mayor de la que forma parte.

La solución de todo problema que podamos tener aquí siempre ha estado a nuestro lado. Ahora bien, el deseo de que aflore en nuestra conciencia tiene que nacer de nosotros. Tú eres el salvador. El *tú mismo*. Y ese *tú mismo* es el *tú mismo* de todos. Alabado sea nuestro Padre que nos creó inmunes a la autodestrucción. Por más que queramos destruirnos —desde la confusión de identidad en la que estamos— nunca lo lograremos.

Depón tu arma y entrégate a la fuerza más grande que tenemos aquí: el Amor. No temas desaparecer. Solo lo que no es verdad desaparecerá, y no tendrás memoria de ello. Tú no eres eso. Tú eres el Residuo Bendito que, una vez restaurado, retornará al proceso de creación.

21. EL CAMINO DEL MILAGRO

No hay situación a la que los milagros no sean aplicables, y al aplicarlos a todas el mundo real será tuyo. En esta santa percepción te volverás íntegro, y por tu propia aceptación de la Expiación, esta irradiará hacia todos aquellos que el Espíritu Santo te envíe para que les des tu bendición. La bendición de Dios mora en todos Sus Hijos, y en la bendición que les das a ellos radica la bendición que Dios te da a ti.

(T.12.VII.1:4-6)

El milagro, literalmente, no es de este mundo. Todo lo que has hecho en tu camino espiritual, todos los perdones que has concedido, todo el tiempo que le has dedicado a Dios, todos los esfuerzos que has empleado en ser congruente con tu meta declarada, todo ello ha sido para llegar a concebir la realidad del milagro. Esto es un paso gigantesco en tu caminar, pues concebir la realidad de algo que no entiendes ni sabes lo que es supone el máximo logro que podemos alcanzar en el estudio del *Curso*. Después de todo, el *Curso* trata de los milagros, ya que el milagro es lo único que puede corregir nuestra percepción errada.

Cuando tu mente concibe la realidad del milagro, sucede algo extraordinario, ya que ahora alberga algo que no formó parte de su creación, pues entonces no había necesidad de milagros. La necesidad del milagro solo surgió después de que el Hijo creyese lo increíble. Entonces se necesitó un recurso divino que no fuera parte del sueño, para así poder cancelar el error en Su mente. El solo hecho de concebir que el milagro es real crea una brecha por donde su luz puede entrar y morar contigo, hasta que regreses a tu estado natural.

El milagro es la expresión de la Expiación, afirma el *Curso*. Expiar significa deshacer. Una parte fundamental *del poder expiatorio de los milagros es deshacer el miedo*. El miedo no fue creado por Dios, por lo que no tiene existencia real. Surgió a raíz de la caída, de la separación. El sueño que estamos teniendo está hecho de miedo; esa es su composición. Nosotros mismos lo inventamos y ahora tenemos que participar en su deshacimiento, y la manera de deshacerlo es el milagro. La Expiación y el milagro son una unidad y podría decirse que el milagro es lo que *expía* nuestros errores, *al desvanecer las ilusiones que albergamos acerca de nosotros mismos y percibir la luz en nosotros.*

El *Curso* dice que *el milagro es una corrección, que no crea, ni realmente cambia nada en absoluto, sino que simplemente contempla la devastación y le recuerda a la mente que lo que contempla es falso.* Cada vez que queremos perdonar estamos, de hecho, pidiendo un milagro, pues querer perdonar da lugar al cambio de mentalidad que es en sí un milagro. Por eso, como dice el *Curso, el perdón es la morada de los milagros.*

Una vez que la mente ha concebido la realidad del milagro, ese pensamiento queda grabado en ella y nada lo puede borrar. El milagro es un regalo de Dios y es literalmente el *acelerador celestial por excelencia.* Pero lo más bello es que rompe o quiebra la creencia de que la condición en la que estamos es *eterna.* El milagro es algo que tenemos que concebir, pues, cuando fuimos creados, fuimos creados perfectos y plenos, y no había necesidad de que ningún milagro restaurase nuestra mente, pues era indivisa.

El molde de nuestro pensamiento no es necesariamente lo que pensamos, sino el paradigma desde el que pensamos aquí: la separación. Esto es lo que el milagro quiebra. El *Curso* dice que se nos darán miles y miles de milagros hasta que nuestra confianza sea total. Llegar a entender que *no hay grados de dificultad en los milagros, que uno no es más difícil de obrar que otro*, como asevera el *Curso*, es otro paso gigantesco en nuestro aprendizaje.

Al contemplar los numerosos milagros que se me han concedido, no puedo creer que todavía, en muchas ocasiones, cuando me siento guiada a pedir un milagro para alguien que se encuentra en una situación extremadamente difícil, surja la duda de que a lo mejor esta vez no se obrará. Aunque en mi experiencia los milagros que he pedido siempre se me han concedido, es obvio que todavía no he comprendido del todo que no hay grados de dificultad en los milagros. No obstante, cuando aparece la duda, de inmediato se la entrego al Espíritu y reafirmo que el milagro es el derecho de todos, incluida yo. Como muy bien nos enseña el *Curso*, nada que hayamos hecho o dejado de hacer nos puede negar nuestro absoluto derecho al milagro.

El *Curso* dice que no pidamos la forma en la que el milagro debe manifestarse, sino que solo pidamos el milagro. Sin embargo, cuando pedimos un milagro para un enfermo, por ejemplo, a la gran mayoría de nosotros nos resulta casi imposible no pedir que se cure de la dolencia que está padeciendo. Después de años de lidiar con esta tendencia casi irreprimible, y de sentir que estaba yendo en contra de lo que el *Curso* pide, aprendí a entregar al Espíritu mi idea de cómo quería que se manifestara el milagro, y empecé a pedir que se dé tal como Jesús decida, pues es él quien concede los milagros. Entregar al Espíritu Santo cómo debe darse el milagro es lo que me permite pedirlo sin temor.

En un programa de un canal de televisión católico, una monja compartió con el público que en una ocasión se le acercó una persona para solicitar que pidiese un milagro para su padre, que se encontraba postrado en el hospital, y los médicos solo le daban días de vida. La religiosa pidió con todo su corazón un milagro para aquella situación. Resulta que el hombre tenía siete hijos y que, a lo largo de los años, las relaciones entre algunos de ellos se habían ido deteriorando y había muchos resentimientos. No obstante, ahora que el padre estaba moribundo, todos sus hijos comenzaron a ir a visitarlo. Así pasaron varios días y, gracias a esta circunstancia, los que no se hablaban volvieron a hablarse, a estar más unidos, y los resentimientos desaparecieron. Cuando todos los hermanos ya estaban de nuevo en una relación filial y amorosa, el padre murió. El milagro se obró. Esta historia ilustra de manera cabal que la forma del milagro no es necesariamente la que nosotros pensamos que sería mejor. Como es natural, la persona que se acercó a la monja seguramente deseaba que su padre se recuperase. Ahora bien, la utilidad de su cuerpo había concluido y eran las relaciones entre sus hijos las que necesitaban el milagro y, cuando este se concedió, el padre pudo partir en paz.

Al final, todos vamos a querer ser obradores de milagros, pues esa es la vocación natural de los Hijos de Dios. No puede haber una vocación más feliz en todo el mundo. Pero antes de obrarlos, el *Curso* dice que es necesaria una purificación. Y esto es lo que nos puede tomar años, aunque no tiene que ser necesariamente así, porque tal como nos dice Jesús en el *Curso*, el tiempo está en Sus manos.

El *Curso* nos ofrece una manera de llegar al Maestro Interno que Dios puso en la mente de Sus Hijos. La salvación es un pensamiento que ya tenemos en nuestra mente, por lo tanto, no lo podemos perder. No es una cosa de otro mundo, sino algo que está totalmente a nuestro alcance. No se nos pide nada que no sea absolutamente fácil para nosotros. Todo es cuestión de cuánto deseamos alcanzar la meta.

Muchos de nosotros pensamos que ya tenemos claro que nuestra meta es la paz, la liberación, la iluminación, como la queramos llamar. La dificultad con la que nos topamos es aceptar y acatar los medios que nos permitan alcanzarla. No es que los medios sean ambiguos, sino que todavía no somos completamente firmes con respecto a la meta. Cuando lo seamos, aceptaremos y acataremos los medios que nos llevarán a conseguirla.

El milagro *es* ahora mismo y siempre está aquí. Es algo que existe por sí mismo, independientemente de nuestra conciencia de él. Como he dicho: el milagro no es de este mundo. Cuando tiene lugar y puedes verlo con tus propios ojos, te das cuenta de que ha ocurrido algo que ha violado las leyes de este mundo tal como lo percibes. Esto te permite poner en tela de juicio la validez de tu marco de pensamiento. No vemos la importancia del milagro hasta que tomamos conciencia cabalmente de que no podemos hacer nada por nuestra cuenta. Este estado de absoluta humildad y rendición es lo que nos lleva al umbral de la iluminación, donde reconocemos de una vez por todas nuestra absoluta dependencia de Dios.

Igualmente, el instante santo no es de este mundo. Cualquier instante se puede tornar santo solo con que tú lo pidas. Ahora mismo puedes pedir que este instante se convierta en santo. Su propósito es la suspensión total del juicio y de esta manera permites que el Espíritu Santo te dé el Suyo. Y hay otro beneficio que resulta de esa suspensión de juicio: en ese momento dejas de sostener en tu mente el mundo que percibes. En esa quietud, la verdad te hablará y tú entenderás perfectamente lo que te dice, pues, al fin y al cabo, es lo único que puedes entender.

La verdad nos inspira a ser humildes, y ser humildes es un escudo que nos protege de la importancia personal. Muchos confunden la humildad con el *simplismo*. Pero la humildad es preciosa y siempre va acompañada de la Grandeza. En el estado de humildad no hay nada que probar ni nada que defender.

Así, te encuentres donde te encuentres —allí donde las brisas de la Gracia te hayan llevado— puedes elegir vivir haciendo lo bueno, lo hermoso y lo santo, además de ser inofensivo y servicial. El mundo es el gran escenario, y las relaciones interpersonales, el terreno donde opera el Espíritu Santo. Las relaciones son sagradas, pues están formadas por nuestros hermanos, los salvadores que se nos han dado. Lo que aún te quede por aprender se presentará en tu vida, pero tienes un Maestro infalible que ilumina tu camino mientras estés en el sueño. Por tanto, puedes confiar como si fueras un niño pequeño que, asido de la mano de su padre, camina sabiendo que está a salvo y no tiene nada que temer.

Desde este dulce y tierno sueño, el niño puede despertar a Su verdad. Ahí lo espera Su Padre celestial, Quien amorosamente lo tomará en Sus Brazos y lo llevará consigo de vuelta al Cielo, al Reino de los Dos. Ora por que ese cambio de sueño tenga lugar lo antes posible. Consagra tu vida a los propósitos del Santo Espíritu. Solo necesitas hacer esto y Él hará el resto. Pero necesita que tú des los dos primeros pasos. El primero es decir la verdad sobre todo aquello que no merece estar en tu santa mente, vaciarte de todo lo que es ajeno a tu verdad. El segundo es entregar al Espíritu todo lo que encuentres en esa búsqueda. En realidad, lo que se nos pide es muy sencillo. No podemos *hacer* nada aquí. Pero podemos decidir, examinar el contenido de nuestra mente, ver las decisiones erradas que tomamos a sabiendas, reconocer que nos quitaron la paz y no nos hicieron felices, y así, entregarlas para que sean transformadas en algo bello, afín a nuestra santa naturaleza.

He entendido que solo con bendecir y bendecir todo lo que nos rodea nos iluminaríamos. Estoy segura de que hay personas que han llegado allí donde nosotros queremos llegar. Con un corazón humilde y noble recorren esta vida bendiciendo, viendo solo lo bueno, lo hermoso y lo santo en todo. Pero esas son las excepciones. Para el resto de nosotros, en esta vida hemos de hacer el esfuerzo que se nos pide para recuperar la soberanía de nuestra mente. Sin este acto *a propósito* y consciente, la mente continuará *multiplicando* la separación y todo lo que ella manifiesta.

Todos deseamos ser felices, todos. No hay nada ni nadie en este mundo que no desee ser feliz. No neguemos nuestra capacidad de desear pensando que esa es la manera de deshacernos del deseo de cosas que no nos sirven, que no nos apoyan. Desea con todo tu corazón hacerte consciente de que estás soñando, de que todo lo que percibes está determinado por el contenido de tu mente y por lo que crees ser.

Tus creaciones te llaman, el Santo Espíritu te acompaña y Cristo Jesús está *más arriba de ti, porque sin Él, la distancia entre tú y Dios sería demasiado grande para que tú la pudieras salvar.* Pídele que entre en tu mente. Dale permiso para que lo haga y Él te ayudará a mantener la vigilancia sobre tus pensamientos, haciéndote consciente de ellos. Así, ejerciendo tu poder de decisión, puedes examinarlos y rechazar todos aquellos que *algo* en ti te dice definitivamente que no son Pensamientos de Dios. Esto nadie puede hacerlo por ti. Esta es tu santa tarea.

La mente se resistirá a esto con todo el poder que tú mismo le has *prestado* al ego. Pero puedes retirar ese poder mal ubicado y reclamarlo nuevamente. Nunca pudiste *dar* tu poder. Da gracias a Dios por ello y resuélvete a ocupar tu lugar en el Plan de la Expiación. Todos te necesitamos. Sin tu aportación, el sueño de dolor se prolongará. La salvación llega en un momento que es ahora... y ahora es el momento. Toma la decisión de consagrarte a Dios, a Su Plan y a todos los hermanos que tienes la función de salvar.

Espero que este libro haya contribuido a aclarar algunas ideas y, tal vez, también haya suscitado algunas preguntas reales. El único maestro infalible es el Espíritu Santo. El *Curso* afirma que Él vive en tu mente recta. Búscalo ahí y lo encontrarás.

Bendito seas eternamente y bendita sea tu santa decisión.